仲正昌樹 著 *Masaki Nakamasa*

ラディカリズムの果てに

THE ENDS OF THE RADICALISM

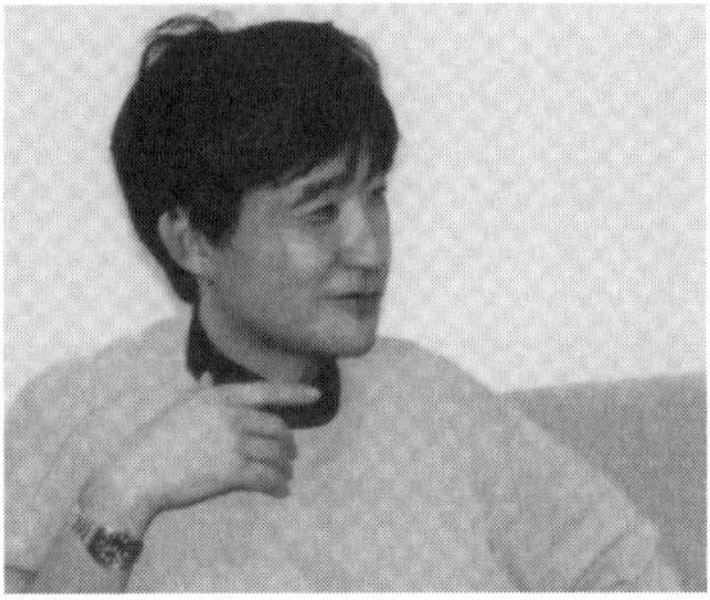

新装版によせて

『ラディカリズムの果てに』を刊行してもう十年が経った。私がこの本の企画を思い立ち、イプシロン出版企画（現・明月堂書店）の編集部に申し出たきっかけは、当時、私がゆえあってお付き合いしていた左派知識人、ジャーナリスト、学生たちの間で、まともな議論ができない、話の通じない人間の割合が急に増え始めたと感じたことだった。

安定した職に就くことができない若者が増えるのも、社会に不満を持つ人間による無差別凶悪事件が起こるのも、世論が改憲や愛国心教育を容認する方向に右傾化するのも、全て政府＋官僚機構＋大企業（＋それらを背後で動かす「アメリカ」）の陰謀によるものと断定する。それはいくら何でも無茶ではないか、と意見する人に対しては、「お前は連中の回し者だ。金をもらっているんだろ！」「あんたは悲惨な現実を知らないから、そんな呑気なことを言っていられるんだ！」「君は洗脳されているんだ、目を覚ませ！」、といった三パターンの罵倒言葉を投げかける。時には、この三パターンによって同時攻撃する——この三つを同じ相手に適用すると、明らかに矛盾するのだが、自分たちの聖なるミッションを汚されたと思い込んで激高している人たちは、それに気付かない。

インターネットの普及によって、匿名で個人攻撃できるようになったことによって、そうしたサヨク的な怒号は次第に声高になり、いろんな方面に拡散するようになった——私がどういう類の連中を「サヨク」と呼んでいるかは、本文を読んで確認してほしい。そういうのに嫌気がさし、私は左翼一般に対して距離を置くようになった。

「左翼」というのは基本的に、自分たちは、政府や資本、右派・宗教勢力の危険なイデオロギーの本質をいち早く見抜き、大衆を啓蒙する立場にある、という自負心で活動しているので、自分と異なった意見を本気で聞こうとしない傾向がある。ただ、ひと昔前の「左翼知識人」の中には、自分たちは「右」の連中と違って知的エリートであり、どんな相手でも論争すれば、論理的に勝てるはず、という自信から、(ポーズだけでも)他人の話をちゃんと聞こうとする姿勢の人たちがいた。そういう人たちが指導的な立場にいる運動団体であれば、無暗に他人を罵倒することなく、むしろ、議論するためのいい機会だと思って歓迎する、寛容な雰囲気があった。そういう冷静な団体は激減した。昨年(二〇一五年)夏の安保法制をめぐる論議に際し、反対運動団体が、安倍首相や自民党幹部に対する個人攻撃のために発した言葉の愚劣さや、年配の左翼学者・知識人がそれをいさめようとしなかったことは、「左翼」のサヨク化を端的に示している。

無論、この十年間に、マルクス主義を始め、ラディカルな革命思想を掲げる、左翼運動は総体的にかなり衰退した。革命的左派がいつの間にか、自衛隊の存在を容認する護憲派に衣替えしたり、グローバルな反資本のネットワークの構築を提唱していた人たちが、国民の生活を最重視する生活保守に変身していたりする。しかし、気に食わない者にレッテルを貼って攻撃し、叩きのめしたいという願望を露わにし、「炎上」騒ぎを起こす機会を常にうかがっている、破廉恥な輩はどんどん増えている。左右の対立とは一見関係なさそうなテーマに関しても、無理に巨悪を仕立てて、憂さを晴らそうとする風潮が強まっている。STAP細胞問題に関してのアメリカ+理研の陰謀論とか、文系学部有害論などはその最たる例だろう。こうした問題については、明月堂書店の連載コラム『極北』http://meigetu.net/ で随時論じており、いずれ本書の続編的な位置付けの本にまとめる予定である。

二〇一六年六月　金沢市角間にて

目次

本書を読む前の注意書き

「私はラディカルな反体制派であり、権力によって抑圧されている！」などと、人前で大っぴらに自慢げに叫ぶサヨクな奴は、頭も根性も腐り切った最低のカスであり、人間と呼ぶに値しないウジ虫である。私はそういうウジ虫が大嫌いだ。さっさと「人類」というカテゴリーから外れて、畜生道に落ちて欲しいと切に願っている。そのウジ虫の内の一匹が何か勘違いして本書を手に取り、頼みもしないのにパラパラとめくったりすると、間違いなく、「ひどい、正義の戦士である左翼を罵倒している。仲正はやはり右翼の先兵になった！」と、お決まりの脊髄反射をすることだろう。そういうパブロフの犬畜生のような、ダメサヨクどもに、予め言っておきたい。「読んでくれと頼んだわけでもないのに、一本調子の醜い遠吠えを聞かせんなボケ！　吠えたかったら、てめえの犬小屋に籠って吠えてろ！　人間様のような顔をして、ブログや2ちゃんに汚い落書きするんじゃない！　講演会のようなものにしゃしゃり出てきて、質問のふりして、吠えるんじゃない！　どうせ、てめえら活字読む能力ないんだから、お犬様同士でワンワンやってろ！　人語を解しているふりをして、人間様の領域に侵入してくるな！」、と。

とまあ、これだけ言ってやっても、世の中には、なんでもいいから、とにかく「ウヨク」「権力の手先」「エセ知識人」などを〝批判〟して手柄にしたいと思っている愚劣なサヨク老人やバカ者がたくさんいるから、私は耳障りな脊髄反射の吠え声を散々聞かされることになるだろう。サヨクというのは本当に迷惑でウザイ種族である。私も早くこういう下等な種族から解放されたいのだが、私がたまに社会批判的な文章をやや〝左より〟の媒体に書いたりすると、知能が発達しておらず、記憶力もほとんどない、壊れた本能だけで生きている連中が、仲間かと勘違いして寄ってくる。そして、自分が勘違いしただけであるにもかかわらず、私がサヨク的な作法に従って、自分たちと同じ方角を向いて吠えようとしないのを半分空っぽの頭でぼんやりと感じると、「仲正は知識人としての責任を放棄して体制に迎合している！　許せない」とか、「仲正の左翼批判は単に不毛であるだけでなく、本質から目を背けさせようとする」などと、自分でも分かっていない台詞をうるさく吠え始める。こういうかぼちゃ頭のバカ者を院生として飼い慣らし、「君は意識が高い」などと言って甘やかしている根性の歪んだ大学教師はさっさと消えるべきである。そういう大学教師を左の英雄として重宝がっている大学は、社会の寄生虫である。また、そういうバカなサヨク学者一派を持ち上げようとする、インチキ・サヨク・メディアも公害である。連中の吐き出す騒音は、苦痛である。

本書は、「この世に頭痛の種になるだけの害悪を撒き散らす塵芥のごときサヨクどもは一匹残らず、マルクスの亡霊と一緒に地獄の穴蔵にさっさと戻ってくれ！」、と私が思うに至った理由を、イプシロン出版企画編集部のインタビューに答える形で、けっこう適当に語りおろしたものである。それほどマジな批判ではない。サヨクごときにマジになって怒るのも阿呆らしいと思うが、かといって黙っているのは、腹膨れる業なので、編集部から「思ったように語って下さい」というオファーがあったのを機に、腹に貯まっていたのを四割くらい吐き出すことにした。四割というのは、本当はもっと貯まっているけど、無理にいっぺんに全部吐き出そうとすると、かえって調子が悪くなりそうなので、多少控えめにしているということである。そういうつもりで語り下ろした本であるので、サヨクも必要悪として少々生き残っている方がいいと思っている人、あるいは、サヨクは既に死滅していると思っている人、サヨクの被害を受けたことがないので関心がない人は、読まないで欲しい。そういう人が本書を読めば、サヨクほどひどくないにせよ、「サヨクの批判ばかりで、読むべきところはなかった」、「批判ばかりで、新たなオールタナティヴの呈示はなかった」などと間の抜けた反応をすることだろう。これだけしつこく、警告しているのに、中身を確認しないまま買ってしまって、「つまらなかった」というのは、明らかに〝自己責任〟である。

では、何故私が「サヨク」なるものに消えて欲しいと思っているのか説明しておこう。ここで私が「サヨク」と呼んでいるのは、「私（たち）が反権力の声を挙げなかったら、世の中の人たちは悪い権力者に騙され、抑圧され続けるだけだ。私（たち）は闘わねばならない」という独り善がりの思い上がった使命感を、誰から頼まれたわけでもないのに抱いているとんまな連中である。簡単に言うと、自分たちが「選ばれし者＝前衛」だと信じているおめでたい輩である。本当に権力による一方的な抑圧で苦しんでいる人であれば、そういう観念的で根拠のない使命感など必要ないはずだ。やむにやまれず、自分の生活を守るために精一杯の抵抗をするだけだろう。それを、第三者が「反体制的左翼」と認識することもあるだろう。そのようにレッテルを貼られてもやむにやまれぬ抵抗を続ける人であれば、尊敬に値するし、ご当人も左翼と呼ばれようが右翼と呼ばれようが気にしないはずだが、「サヨク」は、そういう奇特な人々とは、イルカとサメくらい似て非なる存在である。

「サヨク」は、自分の貧困な想像の世界の中心でハルマゲドンの闘いの戦士になったつもりで、いい気になってしまう下等動物なので、政府・自民党が何かやるたびに、脊髄反射的に、「新自由主義的な策動がまたもや強化された。これによって日本のファシズム化は完了することになるだろう。日本国民には、もはや自由に思考する余地は残されていない。ブッシュの犬である自民党政治家とマスコミの共謀によって、勝ち組み／負け組みに分断されて意思の疎通がはかれなくなった国民は……」と自分のブログに書き込んだり、左翼メディアに投稿したりする。自分では大発見したつもりになっているが、実際には、〝聞いた風なセリフ〟の単調な継ぎはぎにすぎない。ひどいのになると、継ぎはぎにさえなっておらず、毎回同じ台詞の繰り返しになっている。ヒマなアホが、自分の気に入らない〝現実〟を見ようとしないまま、自分が英雄になれるよう無理に話を組み立てているので、死ぬほど単調な繰り返しになるのも当然である。当然のことながら、そんな観念的な〝批判〟をされても、政府・自民党は全然痛くない。それどころか、「こんないいかげんでどうとでも言えそうな批判しか出てこないということ自体が、私たちの主張の正しさを証明している」と喜ぶだけである。

サヨクは、自分の脳内リアリティの中で勝手に英雄になっているだけということを自覚していないので、〝社会的弱者〟のイメージが無茶苦茶に単純で、自分と違う意見の人は権力の手先か、少なくとも、権力によって洗脳されている哀れな奴と即断する。最近の例で言うと、「安楽死・尊厳死」に反対する運動をやっているサヨクは、「本人の苦しみを早く終わらせてあげようと思って、人工呼吸器を外した」、という医者や家族の言い分は最初から聞こうとしない。個別の事情は一切調べようともせず、「医者は、ベッドの回転率をよくしたかった」「家族は、入院費をけちった」と、頭から決めつけ、「殺人者」だと言いふらす。そのことによって、善意でやったかもしれない医者や家族が多大な迷惑を受ける可能性があることには全然想像力が働かない。サヨクにとって、政府・自民党と、最終的に同じ結論になる意見・思想を持っている人は全て、〝政府・自民党と同様に〟、金のことしか考えない人非人である。〝政府・自民党と同調する人非人〟は、いくら傷つけてもいいと断定し、実際に迷惑をかけても、「正義が前進した」と自己満足するのがサヨクだ。自分たちが共感できない人間は、〝弱者〟ではないのでどうなってもいい、と無神経な態度を取るのが、サヨクの醜悪なる本性だ。

サヨクは目立ちたがりである。サヨク・マスコミで注目されるような大ネタだと、全国津々浦々から続々と湧いて出て、「表面的なことを言ってお茶を濁すばかりで、誰も真実を語っていない。そもそも、今回の問題が起こった本質は……」、という調子で、恐ろしく表面的で陳腐な〝自説〟

を開陳する。しかし、マスコミがなかなか取り上げようとしないネタ、事態が複雑で勉強しないと分からないネタになると、全然関心を持たないか、話しを聞いても、すぐに馬耳東風で忘れてしまう。金沢の地元ネタを言うと、金沢大学医学部付属病院産婦人科で、教授が入院患者に無断で卵巣癌の抗癌剤の臨床試験を行い、それを部下の講師が内部告発したのをきっかけに、裁判になっているケースがあるが（真面目に関心のある読者は、『「人体実験」と法』御茶の水書房、二〇〇六年参照）、共産党も新左翼もマスコミがあまり大きくとりあげないし、話しが込み入っているので、関心を持とうとしなかった。仕方ないので、サヨクでも左翼でもない私が内部告発しているお医者さんの手伝いをすることになった。そうすると今度は、「ウヨクの仲正が関わっている」という理由を追加して、サヨクどもは関わろうとしない。自分たちが下らない縄張り意識を強く持っているから、〝ウヨクの仲正〟も縄張り意識とか、ミギ寄りの政治的目的があって関わっているとでも邪推しているのだろう。根性がねじ曲がった、どうしようもない連中である。

こういう黄泉の国から這い出したウジ虫のような学習能力のない連中をいちいち罵倒していたら、疲れるだけなので、やめておいた方がいいのでは、と好意で言ってくれる人もたまにいる。私自身も、できることなら、放っておきたいのだが、先に述べたように、連中が勝手に意味もなく寄ってきて、私の周りにもゴミを撒き散らしていくので、そのゴミを掃き返してやらねばならない。知っている人は知っていると思うが、私は十八歳の時から二十九歳まで十一年半にわたってある反共的宗教団体の信者だったせいで、何かとサヨクにいいがかりをつけられやすい。最近になって、陰謀論の大好きなオタク・サヨクどもから、「裏工作をする偽装脱会信者」との疑いを受けて大いに迷惑した――その顚末は、本文中に出てくる。そうした意味で本書は、サヨクによって悩まされている私の、サヨクどもに対するゴミの掃き返しである。だから、善良でお上品な人にはあまり読んでほしくないのである。一般読者の共感を求めているわけでもない。当然のことながら、本書を通して犬畜生のようなサヨクの改心を促しているということでもない。この「注意書き」を書いている現時点の私のように、サヨクの害毒からしばしば解放され、カタルシスを味わいたいというマイナーな欲求を覚えているごく少数の読者向けの本である――こういうことを書くと、後で余計にうるさく吠え立てられそうだが、まあしょうがないか。

仲正昌樹

二〇〇六年四月十八日
金沢市角間町金沢大学総合教育棟にて

I

■――「左右の二項対立は終わった」と言われるようになってからかなり久しいと思うのですが、依然として「右」であれ「左」であれ――何が「右」で何が「左」なのかよくわからなくなっていますが――自分たちが思想や行動において「ラディカル」であることを誇りにし、自負心を持っているかのような物言いをする人は結構多いのではないでしょうか。特に衰退が著しい「左」の方に「ラディカルでなければ左翼ではない」という風潮があるような気がします。そこで最初に、仲正さんは「ラディカル」というものを一体どういうことだと考えておられるのか、その辺りからお話して頂ければと思います。

仲正◉昔左翼だった人がよく「ラディカル」ってことを強調していたし、今でも結構強調している人はいるけれど、この「ラディカル」という言葉には少なくとも二通りの意味があると思います。その二つのレベルが時としてごっちゃになって使われるので、どういうのが「ラディカル」なのか分かりにくくなっているような気がします。

まず「ラディカル radical」の意味を英語の辞書で見ると、「根本的」とか「根元的」というのがあります。「根」と関係があるんですね。ラテン語で「根」のことを radix と言いますが、多分、radix にまで遡って「考える」とか、その遡った根元的思考に従って「行動する」というような文脈で「ラディカル」という言葉が使われるようになったんだと思います。そこで「思考」の面での「ラディカル」と、行動の面での「ラディカル」が出てくるわけですが、この二つのレベルはなかなか一致させるのが難しい。何故一致しにくいのか？

当たり前のことですが、「根本に遡って考える」っていうのは、外から見てすごく分かりにくいんですね。「何が根本なのか？」ということそれ自体がそもそも問題なんだから、本人が「私は根本まで掘り下げて考えている」と自称しても、そう簡単には信用できません。キリスト教の信仰でいうところの「原罪」のようなものをイメージしているのか、初期マルクスの「疎外」のようなものなのか、それとも精神分析で言うところの父殺しの衝動のようなものなのか？　自分が「根本」だと感じているのとは違うものを〝根本〟だと言われても納得できないでしょう。

結局、テクストとして体系化されて表現されている思想だけ見ても、本当に「根本」に遡っているかどうか判定しようがないんですね。「あんたラディカルだね」というふうにある思想家を「評価」できるってことは、よく考えてみると、そう評価している本人がその〝ラディカルな思想家〟以上にラディカルに掘り下げて考えたうえで一定の判断基準を獲得したということが前提になっているはずです。でなかったらただの印象になってしまう。ほとんどの場合はそうですけどね。

思想の〝ラディカルさ〟は安易に評価できないにもかかわらず、「外」に出た行動をその表現形態と見なして、それを尺度にして測ろうとする少々無茶な人たちが出てくる。典型的なのが左翼の過激派（ラディカルズ）です。その行動が普通と違っていて一般性を逸脱していたら、それがその行動の〝背後〟にある思想――本当に背後に何らかの「思想」があるのか怪しいアクションもたくさんありますが――が根本的なところまで到達した〝証拠〟だと見なし、だから「ラディカルなんだ」と主張する。「ラディカルに行動している」左翼の人に言わせれば、外的「行動」を通して内的な「思想」まで根本から変えるということはマルクス主義における下部構造（物質）決定論的な発想なんでしょうが、マルクス主義を信じない人には通じない話です。

わかりやすく暴力をふるえばラディカルなのか

仲正◉「ラディカルな思想」であることを〝示す〟ために「ラディカルな行動」を示すという左翼的な本末転倒が起こって来るんですね。それで、常軌を逸した変わった行動、過激な行動を志向するようになる。「過激な行動」っていうのは、考えてみると何を基準に「過激」と言っているのかよく分からないけど、左翼的な業界では「身体を使った暴力」だっていうふうに短絡してしまう面があったようです。ラディカルに思考したらそれが絶対「形」になって身体レベルで現われてくるんだっていう反映論的な大前提に立っていたんですね。あるいはその逆に、身体レベルでの秩序破壊的な暴力は必ず意識レベルにおける（ブルジョワ的な）秩序的思考の破壊に通じる、と考えたのかもしれません。思考のラディカルさが行動におけるラディカルさを導き出し、行動におけるラディカルさが思考のラディカルさを導き出す、という妙に左翼的な循環論法が働いていたので、どっちを先にしてもよかったわけです。

そして、その対応関係を疑ったら二元論になると批判をされる。心身二元論自体は観念の哲学だって言うんですね。二元論ではなくて、身体レベルでのラディカルさと思考自体のラディカルさは一体のはずだと言うんだけど、結局、人の頭の中は覗けないから、事実上、外面的に派手な行動をすることがラディカルさの基準だと見なされることになる。

派手に行動することによって人々にアピールして、政治的な効果をあげることを「政治的にラディカル」と言うことがあります。政治の原理の根元まで遡って考えて「ラディカルなオールタナティヴ」を打ち出すというのが政治的ラディカリズムの本当の意味なんでしょうが、何が政治の根本原理なのかはっきりしないから、とにかく物理的「暴力」で何か既成の権力の象徴のようなものをぶちこわして、人目を引くという簡単に分かりやすい方向に流れがちです。全共闘でも途中から、セクト間の、そうした外的に人目を引く暴力の発露という意味での「ラディカル競争」が激化していきました。

今から振り返って落ち着いて考えてみると、分かりやすく暴力を振るっている人間がラディカルだということになれば、やくざが左翼や政治家よりもラディカルだということになる。その延長で言うと、アメリカが一番ラディカルだということになるでしょう。沖縄からイラクとかに派遣されている海兵隊員が、ラディカルなアメリカの軍人の中でも一番ラディカルだということにならざるを得ません。ラディカルっていうときに、何か人と違う目立ったパフォーマンスをするというようなことを基準にすると、米海兵が一番ラディカルだというような妙な話になってしまいます。

見える形で暴力を表すのがラディカルだという前提で発想していくと矛盾が生じてくるのは当たり前です。外面的な目立ち方にだけ焦点を当てて、その背後の思想は必ず対応してるんだということにすると、破壊する「力」を持っている者ほどラディカルだということになりますから。日本の最大の権力者である小泉首相のパフォーマンスだって、秩序を派手に破壊しているという面では極めて〝ラディカル〟でしょう。

深く考えない人間の方が派手な行動はとりやすい

■――おそらく、左翼がラディカルだっていうときに最も拠り所にしてるのは、マルクス（一八一八－一八八三）／エンゲルス（一八二〇－一八九五）の『ドイツ・イデオロギー』（一八四五年）に収録されている「フォイエルバッハ・テーゼ」だと思うんですよ。「哲学者たちは世界をただdescribed様々に解釈してきただけである。肝腎なのはそれを変えることである」っていう、その辺から、ラディカリズムっていうのは必ず形に現われないといけないんだっていう発想が左翼のなかに蔓延して、見える形でやらないと駄目だっていうことから暴力が出てくるようになったんだと思いますが。

仲正◉「暴力」論について少し最近の話をすると、萱野稔人君（一九七〇－）が『国家とはなにか』（以文社、二〇〇五年）で、「国家」の本質が「暴力」であるという、ある意味古い話をフーコー（一九二六

―一九八四）や、ドゥルーズ（一九二五―一九九五）、ガタリ（一九三〇―一九九二）、バリバール（一九四二― ）などのフランス現代思想の議論を踏まえて再説しています。「国家」の最大の役割は、ミニ権力が持っている暴力装置を取り上げて自分の暴力性を強めていき、他の暴力を圧倒してしまうことなわけです。しかし、他の形態の暴力がそれによって飼いならされてしまうわけではないし、国家自体のナマの暴力も完全に姿を隠してしまうわけではないというのが彼の議論の特徴ですが。

左翼がいくら頑張っても、単純に物理的なレベルでの「暴力」比べをやると「国家」の暴力にはかなわない。その国家の暴力は、人間を動かすことのできる「権力」に依拠しています。「権力」を支えているのがマルクス主義で言うところの「イデオロギー」ですね。一番「暴力」を使う奴が一番ラディカルだとすると、結局は国家権力を取って警察や軍隊などの国家の暴力装置を動かせる奴が一番ラディカルだっていう発想になる。国家の暴力を上回ろうとすると、既成の国家以上に強力な党組織を作るか、既成の国家組織を奪うしかないでしょう。するとと、いわゆる「権力奪取型革命」を目指すようになります。それは、マルクス＝レーニン主義の誤った理解だという古手の左翼は多いけれども、表面的にラディカルに見える暴力の実践にのみ重きを置いていたら、そういうところに行き着かざるを得ません。

そして、そういう派手な暴力を、国家との対抗関係で、あるいは左翼同士の内ゲバ――左翼業界の専門的な言い方としては、内ゲバというのは、もともと同じ党派だったもの同士でのゲバルト（Gewalt：ドイツ語の〈Gewalt〉は「暴力」だけでなく同時に「権力」をも意味する）を指すようですが、普通の人から見たら全部内ゲバでしょう――で行使する奴が革命的英雄として褒め称えられるようになると、掘り下げて考えるということが軽視されるようになる。深く考えない人間の方が派手な行動は取りやすいですからね。身振りを交えてカンタンなスローガンを叫んで「大衆の心」をさっと摑める肉体派・体育会系が、ラディカルな革命家として尊敬されるようになる。今は左翼が「ワンフレーズで全てを片付けようとするブッシュ、小泉は想像力が貧困だ」「ああいうのを支持する人も貧困だ」と言っているけれども、ブッシュや小泉がやっているのは、彼らが昔理想化していたラディカルなパフォーマンスの究極の形態であるように僕には見えます。

アメリカの政府は、非常に単純なパフォーマンスで、大衆の熱狂に支えられた巨大な暴力を動員しているわけですね。九・一一のときに、何にも考えないでとにかく〝ラディカル〟に「反米」を叫べばいいと思っている――あれこそ「鬼畜米英」精神の名残だと思う――バカな左翼連中は、多くの民間人を巻き添えにした世界貿易センターへの自爆攻撃のことを「資本主義的な世界帝国の象徴を破壊して市民的な秩序感覚を揺さぶったすごい暴力だ」といいかげんに賛美していたけど、だったら、あれだけ派手な秩序破壊をやっているイラク戦争だって「あれこそもっと凄い暴力だ」と更に賛美しないといけないのではないでしょうか。左翼の立場であれを賛美できない理由があるとすれば、「敵」方がやってる暴力だからということでしょうが、「味方」の暴力は弱者のためになるから崇高な行為で、「敵」がやるのは弱者を苦しめる邪悪な暴力だとでも言いたいのか。アメリカ人がニューヨークの町を歩いていたら、それだけでラディカルな革命的暴力によって崇高な死を迎えるべき存在になってしまうということなのでしょうか。

ヘンテコ左翼ラディカリズムの系譜

仲正◉物理的にラディカルな暴力の話をしましたが、ヘンテコな左翼ラディカリズムのパフォーマンスは他にもいろいろあります。七〇年代の前半をもって全共闘的なアナーキーな暴力行動賛美の傾向が少し下火になると、今度はサブカル的な領域で派手なことをやる文化左翼的パフォーマンスが盛んになりました。前衛的な演劇や芸術活動とか、大道芸とか、ドラッグ、フリーセックスとか。当然、そういうのは繰り返している内にだんだん飽きられてきますので「もっと変わったことを！」という欲求と、それに応じようとするサブカル知識人たちの〝ラディカル競争〟はどんどんエスカレートしていきます。九〇年代前半に、宮台真司（一九五九－）がリストカットを繰り返す援交女子高校生と付き合うというフィールドワークをやって一世を風靡しましたが、あれなんか左翼的な暴力以外のラディカルを求めるポスト全共闘世代の象徴に見えたんでしょうね。

宮台本人の意図は別にして、ポスト全共闘世代の人々には、彼にサブカル領域における〝ラディカルさ〟の旗手としての役割を期待する風潮があったと思います。例えば、五〇万部以上売れて話題になっている『下流社会』（光文社新書、二〇〇五年）の著者の三浦展（一九五八－）は、本の中で宮台真司に関するコラムを書いているんです。彼が東大教育学部の名誉教授として有名な佐伯胖さんのお嬢様と普通に結婚したというネタですね。彼のおじいさんも学者だったし、お父さんは、大きな会社の重役だった。つまり二人とも名門の出だというんです。目と目の間で稲妻が走ったっていうのは、実は階層的な同一性を直感したんじゃないかっていう推測をしている。そんなことは実証しようがないし、僕は文学作品における恋愛描写にしか関心がないので〝真偽〟は別にどうでもいいんだけど、最後のシメがちょっと面白かったんだな。妙に左翼的な発想してるなって思えるんです。

宮台真司が普通の結婚なんかしないでリストカットする援交女子高生を集めてキャバクラを経営すれば拍手喝采だったのに、と言うんです。ヘンなラディカリズムへの根拠のない〝期待〟が感じられますね。実は、二〇〇五年十月三十日に、彼の奥さんが勤めている三省堂の神田本店でトークセッションをやったときも本人の前でこのことに言及したんだけど、ご当人は「三浦っていうのは僕の真似ばかりしているしょうがない男でね。（……）皆さん、僕は弱者の味方じゃありませんよ」とだけ言って、あまり直接的に反応していませんでした。まあ、奥さん本人も受け付けをやっていて話を聞いていたし、コメントしにくかったんでしょう。私も別に何かラディカルな答えを期待していたわけではないので、それでいいんですが。

しかし良く考えてみたら、援交やってる女子高生を集めてキャバクラを開くのは別に普通に結婚をしていてもできるわけだし、金さえあればオーナーになれる。三浦自身が今回の印税を元手にそういう店をオープンしたっていい。銀座とか六本木は無理でも、こじんまりした店を開く資金くらいにはなるでしょう。でも、三浦さんは多分、宮台さんがキャバクラを経営すること自体に期待しているのではないんでしょうね。そういう弱者っぽい女の子たちと彼との間にほんとは誰がお父さんだかわからないような娘が何人かいて、という、田村正和が主役をやっていた「パパはニュースキャスター」（一九八七年、ＴＢＳ）っていうドラマみたいなシチュエーションを考えてるんじゃないでしょうか。そのドラマは、田村正和が人気キャスターで、何人もの女性と関係しているけど、ある時に急にそうした女性の一人との間の娘だと名乗る女の子が三人偶然同時に現れて、同居するはめになるという話です。「パパ」として。多分、そういう多角関係のようなところから近代的な核家族の理想を解体して新しい家族形態のモデルを構築するというような、新左翼のオールタナティヴ・ライフとか、ラディカル・フェミニズム的なことを実践してくれると思われていたんでしょう。

左翼的な物理的暴力とは違った形での身体を伴ったパフォーマンスを通して〝ラディカルさ〟を表現するという時、一番分かりやすいのは、やはり「セックス」でしょうね。その「セックス」を〝ラディカル〟に変革した帰結として、一夫一婦制の近代的な家族を破壊してしまう、という筋です。エンゲルスの『家族・私有財産・国家の起源』（一八八四年）にもそれらしきことが書かれていますから、左翼の人たちとしてもイメージしやすかったのでしょう。あの本は今でも、左翼系の家族社会学とか、ジェンダー・スタディーズの古典になっていますよね。フランクフルト学派のマルクーゼ（一八九八－一九七九）のエロス的文明論の間接的な影響もあって、新左翼とフリーセックスっていうイメージは結構結びついていました。超自我による抑圧を脱して、自由な性関係を楽しむ、みたいな感じで。

安保世代にもそういうのはあったんでしょうけど、それをわりと露骨に、おおっぴらに、しかも〝ラディカルな思想の実践〟として始めたのは全共闘の頃ではないでしょうか。

セックスを「ラディカルに実践する」というような話が成立すれば、ラディカルさのハードルは下がります。警官隊と暴力でぶつかり合うよりはずっと楽だし、〝自然な欲望〟にも合っているから、大して自己否定しなくてもいい。援交なんてハードルは物凄く低い。宮台真司は別にそんな〝ラディカル実践〟の伝統を継承している意識はないと思うけど、そういうものの継承者として彼を見ていた左翼的な発想の人たちがいたのは間違いないでしょう。

二十歳前後じゃないと「機動隊殴って気持ち良かった」なんて言っていられない

仲正◉喧嘩に近いような破壊・暴力と、大道芸人的な身体パフォーマンスと、それからフリー・セックス、援交を比べた場合、援交が一番居心地が良いと思う人は多いでしょう。破壊的な暴力って、瞬間的には心地よくてもずっとやっていたら段々きつくなりますからね。二十歳前後じゃないと「機動隊殴って気持ち良かった」なんて平気で言っていられない。二十代も半ばくらいになってくるときつくなってきます。身体パフォーマンスだったらもうちょっとやっていられるけど、それもそんなにいつまでもやれるわけじゃない。セックスの部分っていうのは世間の常識に反するという意味での〝ラディカルさ〟を見せやすいし、わりと続けやすいんでしょう。援交の〝フィールドワーク〟

だったら、別に相手が左翼活動家とかフェミニストのようにとんがった人である必要もないので気分も楽です。自分の振る舞いの理論的根拠さえ与えられれば、一番みんなが入って行きやすい世界でしょう。自己否定を強いるセクトに代わって敷居の低いサブカル左翼が増えるのは当然です。

全共闘世代の人たちは理論家も活動家も大体みんな今は家庭のいいお父さんになってて、あまりヘンなこととか、金のかかることはできなくなっています。だから、自分ではできない分を若い左翼に期待する。若いサブカル左翼も、自分たちがそれほど自己否定的なラディカル実践をやっていないという後ろめたさを何となく感じていて、理論的正当化の根拠を求めているところがあります。そういう新旧の新左翼の無責任な期待の複合体みたいなものが「宮台真司」という偶像の周囲にできて、「宮台は援助交際という形で新左翼のフリーセックス路線の究極の形態を実践しており、近代的な一夫一婦制の家族モデルをぶち壊してくれるだろう」と期待する。見当外れですね。

しかしよく考えてみると、彼は、確かに左翼的なラディカルさの偶像はぶち壊してくれているんですよ。昔の左翼みたいに、自分も殴られるのを覚悟で暴力をふるっているのが「自己否定」だという設定にしておけば、やっているだけでそれらしく見えなくもないけれど、援助交際みたいな世界になっていくと「自己否定」と見えにくいでしょう。周りが〝自然と〟そう思ってくれないから、理屈、宣伝文句が必要になる。「だめ連」みたいなところまで行って、「だらだらとスローモーに生きることに耐える」とか言い出したら、どこが自己否定だか分からない。まあ、ヘンな格好して、みすぼらしい生活をするっていう意味では、わざと労働者の服とか人民服みたいものを着る昔の左翼の自己否定の延長線上にあると思えなくはないけれど、だめ連とかになるとセクト的な規律はないし、慣れきってしまうと単に自堕落な生活になってしまいます。

「自己否定」というのは、もともとブルジョワ的にできあがっていた自己、ブルジョワ的な生活に慣れた自己を徹底的に否定すれば、否定の否定が肯定に転化するという弁証法的な発展の法則に従って、革命的で共産主義的な自己に転化するというような前提に基づいていた。連合赤軍が「共産主義化」という言い方をしていたのは有名ですね。警官隊とぶつかり合うような身体的な暴力によって、ブルジョワ的にめぐまれた雰囲気の中で受験勉強をやってきた「自己」をぶち壊すわけです。東大の新左翼なんか、受験勉強ばかりして外の世界の現実を知らないっていうコンプレックスが強いですから、「外」からの刺激によって、自己の「内面」が変わらざるを得ないような場に「自己」を置くことが「自己否定」であり、それを徹底するのがラディカルだ、と考えていたわけです。

今はエリート根性を持たせる方が自己否定

仲正◉しかしさっき述べたように、だんだん身体暴力、喧嘩的な暴力はやらなくなっていく。パフォーマンスも段々やらなくなる。辛うじてだめ連的なライフスタイルとか宮台的な援交のような領域が残ったけど、そういうラディカルさの残滓を見て、これが「自己否定」なのかと首をかしげている左翼的な人たちは多いでしょう。自堕落な人間が一番ラディカルだったたっていうことになりますから。

そして「だめ連」系は、今のニートのイメージと結びついていますね。少なくとも、ライフスタイルにおける下層性を強調する三浦の『下流社会』はそういう前提に立っていると思います。フリーセックスのラディカル実践もできなくて、フィギュアとかメイドに萌えているオタクが下流社会を形成しているというイメージです。それが「自己否定」の行きついた究極のイメージかもしれません。「下流のオタク」については、誰もラディカルでつらい生活実践をしているとは思わない。ご当人たちは結構辛いことをやっているつもりになっているかもしれないけれど。

三十年前の東大生だったら労働者と同じ恰好をして、自分のアイデンティティである「教養」と決別して、勉強しないこと自体が自己否定になっていたというふうに思えたかもしれないけれど、今では別に東大生が労働者の服装をしたところで、何とも思われません。「だめ連」系の東大生もいるけれども、別に特別な東大生だとは思えないし、オタク化して何もしない東大卒のニートもいるけれども、誰も自己否定しているとは思わない。暴力だって、東大出て、単純な犯罪的暴力をおこす人間はいくらでもいます。でも、そんなのでブルジョワ的な「自己」がラディカルに破壊されるとは思えない。もともとの自堕落さが表面化しただけだ、と思われるのがオチです。

昔は結構まともな「エリート」のイメージがはっきりあって、それが万人が憧れる「良い生活」だと思われていたから、そこに到達できる特権を自ら捨てて身体に染みついたエリート的な生き方を「根底」から覆すような態度を取ることが「ラディカル」だと言えていました。しかし『教養主義の没落』（中公新書、二〇〇三年）で有名な竹内洋（一九四三－　）が言っているように、大学自体が大衆化の波に飲みこまれたことによって、そのもとになる「エリート」のイメージが壊れてきて、自堕落な東大生もいるというのが常識になってしまうと、自己否定して貧しい生活をしているのではなくて、何となく自堕落なままに生きていったらニートになってしまった、としか評価されなくなってしまった。全共闘の頃の左翼は「自己否定を徹底してエリート根性を叩きなおす」と言っていたけれども、今では、叩き直すまでもなく最初からエリート根性と無縁の大学生の方が圧倒的に多いでしょう。東大生だって例外ではありません。むしろ、エリート根性を持たせる方が自己否定になりつつあります。

「左翼の目指していたことは既に達成された」

仲正◉西部邁（一九三九－　）が「左翼の目指していたことは既に達成された」と八〇年代に言っていたけれど、あれはそういう意味だったのかなと勝手に解釈しています。大衆化の果てに自堕落になって「自己否定」というものが自動的に達成されてしまっている。純粋左翼な人に言わせれば、それはブルジョワ文化の堕落がひどくなって末期症状を呈しているわけで、革命からの大きな後退だということになるのでしょうが、結果的にブルジョワ文化が自堕落になって崩壊してくれれば、目的は到達されたと見て喜んでもいいんじゃないでしょうかね。

資本主義的な労働主体化の道筋から外れて、やたらに暴力をふるう人間、人前で平気で裸になったり奇妙なコスプレをやったり、ヘンテコな身体パフォーマンスをやる人間や、フリーセックスの話を人前でしても売買春やっても恥とも思わない人間、ごく小人数のオタク的なコミュニティでしかコミュニケーションしない人間、根拠のない夢ばかり追いかけてフリーターを続ける人間、東大出て下流化してる人間……。こんなのが増えています。ブルジョワ的な特権意識の「自己否定」を〝ラディカル〟に徹底したいのなら、そういう人たちが増えるのを歓迎すべきでしょう。左翼の人たちは、そういうことのおかしさっていうのを認識した方がいいと思います。

『下流社会』が二十万部くらい売れた時点で、オビの文句が、それまでの「『いつかはクラウン』から『毎日一〇〇円ショップ』の時代へ」といういかにも広告的なものから、経済学者の金子勝（一九五二－　）によるものにかわっています。新しいオビは、「ブッシュと小泉の選挙の狙いが奥深い所から見えてくる」という、いかにも金子という感じのもので、彼は、新自由主義的な政策による誘導の帰結として下流の働く意欲がない人間が出てきて、希望のない彼らが強い指導者に見えるブッシュや小泉を支持するようになる、と言いたいわけですね。彼は、その意欲のない人間に向かって「お前たちはだまされてる。小泉なんか支持したら自分の首を絞めることになるから、目を覚まして立ち上がれ」って説教しているわけです。そこにまだちょっと、左翼的なラディカル志向が残っているような気がします。ちょっとだけですけどね。

彼は、下流の若者に働く意欲も新自由主義に反対しようとする意欲もないことに憤りながら、一方で、革命の担い手になってくれるのではないかと期待しているんですよ。朝日の論壇時評で『下流社会』のことを取り上げてそういうことを言っていました。別に自己否定の究極の形態が「下流の若者」だからっていう認識で支持してるんじゃないと思うけど、どうも三浦が宮台の「まったり革命」に漠然と期待していたのと同じような、文化左翼的な〝ラディカルさ〟追求の残滓があるのではないかという気がします。金子勝はちょっと前に「渋谷のヤマンバの女の子たちは色鉛筆でメイクを描いている。あいつらにはゴキブリのような生命力がある」とか言っていましたね。左翼的な自己否定の形態を追求していくとそういう発想になってしまうんです。ただ、そうは言っていても、そういう自堕落さの権化みたいな存在がほっといて立ち上がるとは到底思えないし、実際下流の若者の間からはなかなか革命的な動きが見えてこないから、辛抱できなくなって、「お前たちはだまされてる」という言い方をする。そうやって左翼的なラディカリズムの矛盾を糊塗しようとしているように見えます。

新左翼の間で一時期流行った疎外論とか物象化論、あるいは吉本隆明（一九二四―二〇一二）の共同幻想論なんかも、窮乏化しているはずのプロレタリアートが「立ちあがってくれない」原因を説明するための「騙されている論」的な性格がありました。

ラディカルさと自堕落さが見わけられなくなっていく

■――「ラディカルさ」というものがはっきりとプラスの概念として語られていたのはいつ頃までの話なのでしょうか？

仲正◉僕が学生になった八一年頃はまだプラスの概念だったと思います。でもね、八〇年代半ばからちょっとずつズレ始めてる。ポストモダニズムが出てき始めた辺りから大学の先生を目指すような左翼の人は、ちょっとずつ直接的な〝ラディカル行動〟から逃げ始めています。浅田彰（一九五七－　）が出てきた辺りからですね。「ラディカルに」っていうのは必ずしも運動的なことをやるんじゃなくて、思考の枠組みをラディカルに変えることが重要なんだ、という方向にちょっとずつ変わってきているふしがあります。ちゃんと分かっていてそうなったのかというと怪しい面がありますが。現実には単に活動がきつくなっただけかもしれません。

浅田彰が現代思想の最先端として紹介したドゥルーズとかガタリの議論は、ある意味、非常にラディカルなんです。資本主義自動消滅論だから。これまでみんなパラノイア（偏執狂）的に資本主義的な蓄積に邁進してきたけど、資本主義が発達しすぎて「資本」が流動化し始めると、一箇所に「富」を貯めることができなくなるし、消費者としての人々の振る舞いも多様化していく。スキゾ（分裂症）的になるんですね。結局、ノマド（遊牧民）に戻るっていう、何か捨ててるような発想だから、ラディカルって言えばラディカルですね。資本主義の向こうにユートピア的な未来があるわけではない。

その当時「ポストモダニズム」と言われたものには微妙なところがあって、ラディカルに資本主義的な規範を否定しているように見える反面、「何もしないで自堕落にしていてもいい」というふうに開き直っているところもありました。「何もしないことが思想である」と〝ラディカルに〟主張していた、と言えなくもないんです。放っときゃ崩壊するから、それを承知で〝敢えて放っとくラディカルさ〟と言えなくもない。その裏を返せば、なるようにしかならないっていうニヒリズムということにもなるでしょう。

ポストモダニズムには「思考におけるラディカルさ」っていう（僕から見ての）本来の意味に戻っていったっていう良い面もあるし、実践するのにくたびれたから、思想の中身だけ派手なことを言っておいて、必ずしも行動が伴わなくてもいいような理屈に変えていったというネガティブな面もあると思います。ポストモダニストに対して「お前はラディカルじゃない、逃げてるだけだ」と非難したら、「いや、資本主義は自滅していって近代的な『人間』もいなくなる。そうした悲観的な事態に対して私はあえて抵抗したりしない。そうした究極的な受身の姿勢の方がラディカルじゃないか」と返してくる。フーコーは「人間の終焉」について語っているけど、まともな市民には耐えがたい話でしょう。確かにそれをラディカルと言えないことはないけど、左翼がポストモダニズムを嫌うのは、そういう発想をされたら身体的な暴力における〝ラディカルさ〟を追求してきた自分たちの実践の意味がなくなってしまうからでしょうね。

■――左翼っていうのは、要するに社会を変えていくという発想です。根本的に発展史観だから、それを放っておくっていう発想は出てこないんです。余談だけど、マルクス・エンゲルスの時代が産業資本主義段階。これはまさに資本主義の自動崩壊論ですよ。で、レーニンの時代が、帝国主義論ですね。「帝国主義を内乱へ」っていう、これも自動、つまり外の客観情勢が迫ってくることによって、プロレタリアート側が攻めに入るという発想です。その次は、ロシア革命の成功によって、攻撃型階級闘争論になってくる。マルクスとエンゲルスの時代はいつも受動型革命論だったけれども、ロシアに社会主義政権ができたことによってプロレタリアートの出撃拠点ができた、これで我々は攻撃型革命闘争ができるっていうんで、世界革命論っていうのが出て来るんです。全共闘の一翼を担ったブント（共産主義者同盟）はそう考えていたはずですが。

仲正◉今更、言うまでもないけど、資本主義の発展に基づく自動崩壊論にはあんまり〝客観的な〟根拠はないですね。しかし、それだと左翼自身の出番がない。左翼には、行為主体として大衆を引っ張って、革命を成就させる歴史的使命があるって言わないと、自分たちの存在意義がなくなってしまう。レーニン（一八七〇－一九二四）は「前衛党」の存在を正当化したわけですけど、資本主義が自動崩壊に向かうのなら、本来「前衛」って余計なもんでしょう。余計なものだってことを言わないために、大衆に自覚を持たせるものが必要だという理屈をつける。大衆の目を覚まさせるために、ラディカルに行動して、大衆を捕えているイデオロギーの「根っこ」を断ち切るんだっていう発想をするんですね。

マルクス主義の原則に立ちかえって考えれば、派手なことをやれば大衆の目が覚めるなんて考えるのはそれこそブルジョワの発想だ、ということになりそうな気がします。だって、プロレタリアートの生活実態よりも、表面的なものを重視しているわけですから。左翼じゃなくても変わったことをやっている人間はたくさんいますよ。犯罪者やアウトローの人間はもともと市民（ブルジョワ）社会の規範からはズレています。全共闘以降、実際に、単純なアウトローの世界に近付いていった左翼はいるけれども、そういうことをやっていると、さっき言ったように、ラディカルさと自堕落さが段々見分けられなくなっていく。

「ちゃんとしろ」という理屈は持っていなかった左翼

仲正◉左翼はよく「ポストモダニズムは実践しようとしないからどうしようもない」っていうような言い方をするけれども、自動崩壊論的な前提と、大衆を覚醒させる〝ラディカルさ〟というものの意味を突き詰めていくと、ポストモダニズム的なものが出てくるわけです。左翼は、市民社会崩壊への契機として暴力衝突に焦点を当てたけど、より「下部」の方に、つまりライフスタイルみたいな方にシフトさせていくと、ポストモダニズムになっていく。だから僕は、ポストモダニズム的なものと新左翼思想みたいなものって別に矛盾はしないと思います。「いかにして無秩序にしていくか」という話として共通しているのではないでしょうか。

ただ、左翼にはむしろ、秩序を作りだそうとする面もあります。左翼は「警察に対抗するためだ」とか言って、軍隊的なこと、「部隊」を編成して教練っぽい戦闘訓練をやる。ああいうことっていうのは、「人間」が自堕落に崩れないように防止する行為だとも見ることができます。でも左翼は、

「ブルジョワ的な人間性」を破壊するのは良い、というのを前提にしていたものだから、ニートとかの下流の若者が悪いって言えないんです。「ちゃんとしろ」って言えない。その人間たちに「ちゃんとした生活をしろ」とか、「社会の中で主体的に稼げるようになれ」というようなことは言えない。下部構造がそれを生んだっていう発想になって、当然それは同情されて然るべきだ、そのためには社会を変えないといけないという話になってしまうから。そもそも同情すべきなのかどうかというのは問題ですよね。同情＝共感しちゃいけないと僕は思いますよ。「ちゃんとしてない人」に共感してたらその状態をそのまま肯定することになってしまいます。

新左翼を長いことやってて、生活態度がひどく不規則自堕落になって、まともに働けなくなってる人間の噂を僕も時々耳にします。昔の付き合いでそういう人の面倒を見てる左翼仲間は「もっとまともな生活をしてくれたら……」って陰で愚痴りますけど、表立っては言いにくいみたいです。仲間内にニートを抱えているようなものですからね。共産党系だったらまだ「ちゃんとしろ」という理屈は言えなくはない。正統派のマルクス主義には「社会主義の建設」みたいな発想があるから。労働価値説を持ち出して「ちゃんと労働しろ」と言えなくもない。でも、新左翼的なアナーキズムをラディカルに追求すると「ちゃんとしろ」って言いにくいでしょうね。多分「ちゃんとした労働者になれ」って表立って言ったら、市民社会的な道徳を説いているみたいに聞こえてしまう。まあ、「言っちゃいかん」というはっきりしたルールはないかもしれないけど、そういう雰囲気はあります。

ニート的な生き方みたいなものはちょっと前まで肯定されていましたし、フリーターこそ自由な生き方だっていう雰囲気もありました。そういう雰囲気を引きずっている人は、「夢ばかり見ないで、現実の生活を考えろ」となかなか言えないんです。左翼としては、環境のせいだということにするしかないから、オーソドックスなマルクス主義の下部構造決定論に回帰して、新左翼連中も共産党や社民党のような福祉国家的な所得の「再配分」による弱者救済路線に近づいている。そんなにラディカルじゃないですね。新左翼になった時点でそういう「大きな政府」路線は取らなくなったはずだけど、新自由主義とニート化傾向に挟撃されて、社会民主主義的な方向に寄ってきています。でもどこかで、それではラディカルでなくてまずい、とは思っている。だから中途半端な態度になって、金子さんみたいな、期待しているのか、こいつらどうしようもないと思っているのか、はっきりしない態度になっているんでしょう。

「とにかく左翼」「何が何でも左翼」という振る舞い方

■――仲正さんは、左翼と言う時に、具体的にはどういう人たちをイメージして左翼と言っているのですか?

仲正◉金子勝とか、斎藤貴男(一九五八－　)とか。党派の左翼ってもうほとんどいないでしょう。党派を名乗ってるのもごく少数いるけど、あんなのは論外です。論外っていうか、あれらは別になにもやってないでしょう。たまに酒を呑んで騒いでいるだけ。十人もいないでよく党派って言うなと思いますが。ブント系のああいう集団は全然党派になっていない。党派って少し言えそうなのは中核と革マルくらいじゃないですか？　でも中核ももうほとんど崩壊していますよね。

そういう中で、金子さんとか斎藤さんは、いかにも「私こそ左翼だ」的な態度を取っているように見えます。あの人たちの周りに集まるおじさん、おばさんも、ラディカルじゃなきゃいかん、反権力じゃなきゃいけない、っていう雰囲気を強く残している。あまり自覚せずに「正義」のためと思っているだけかもしれないけど。雰囲気だけは「とにかく左翼」「何が何でも左翼」です。左翼的な理念云々じゃなくて、振舞い方ですね。

これは古い左翼の悪い癖だと思うんだけど、マルクス主義を抜いてもラディカルじゃなきゃいかんっていうのだけは残ってる。中身はよく分からないけど、ラディカルな生き方しなきゃいかんとか、ラディカルな思想を持たなきゃいかんっていう思い込みがあるような気がします。で、金子さんとか、柄谷行人（一九四一－　）とかは、「ラディカルな思想の転換をもたらすものじゃないと思想として読むに値しない」と思っているふしがある。必ずしもマルクス主義じゃないんだけど、パラダイム転換だとかオールタナティヴとか、対抗機軸だとかっていうことを言いたがるんです。何に対しての対抗機軸かはよくわからないんだけど、そういうものを示さないと思想として価値はないっていうふうに「左翼じゃない」人も言うんですね。体質でしょう。竹田青嗣（一九四七－　）なんかは、マルクス主義じゃなくて、ヘーゲル＝ハーバマス的市民社会論を掲げているけど、ことあるごとに「現象学は思考の原理である」「思考の原理としての現象学によって価値観の対立を克服する」って、青年の主張みたいなことを言い続けています。「世界を変革しなきゃいけない」という漠然とした脅迫観念みたいなものだけが残っているんでしょう。

「世界を変革しなくちゃいけない」というのだけがあれば、中身が右になっても構わない。だから僕には、西部邁なんかは、依然として体質左翼に見えます。ラディカルであらねばならない、体制を変革しなきゃいけない、何かオールタナティヴを示さなきゃいけない、という変な自負心を持っているところが。小林よしのり（一九五三－　）もそうです。社会を蝕んでいる恐るべき「敵」の正体を示して、ラディカルに対峙しなければならない、と気負っている。すごい「敵」と闘って、徹底「否定」することで弁証法的に自己を肯定するわけです。その場合の「敵」は「左翼」ですね。二項対立図式で「敵」と「味方」が入れ替わっているだけで、人目を引くように「ラディカルに闘う」という振舞い方は変わっていないと思います。それが「男らしさ」でもあるわけですね。だから左・右って関係なしにうっとうしいですよ。

「俺はこれだけ潔いことを言ったからラディカルなんだ、認めろ」

仲正◉金子さんにしても自分ではマルクスを引きずってるなんて意識はほとんどないんでしょうね。本人は、自分は古典的マルクス主義は卒業して、資本主義的な市場経済という現実を受け入れているつもりなんでしょう。でも彼は、「自民党がやってるのは市場の原理に忠実でないごまかしであり、利権構造を温存しているから全然ダメ」とラディカルに否定する。では、本当に経済を市場原理に任せたうえで、労働価値説が市場に直接的に反映されるような、新古典派的ラディカリズムを追求すべきだと主張しているのかと言えば、そうでもない。セーフティネットがないとダメだと言う。でもセーフティネットを利用して利権にしている連中もいるんだから、ことはそう簡単にいかないはずだけど、彼はとにかくラディカルに「権力」を否定する態度を取りたがっているように見えます。

経済政策というのは結構複雑で、利益をむさぼる悪者の大将の首を取って、スパッと解決するようなものではないと本当は分かっていながら、とにかく問題が起こるたびに「自民党は全然ダメ。経済学が分かっていない」と否定しなければいけないというのを決まりごとにしているから、いろいろと矛盾が出てくるんです。例えば銀行の不良債権問題については、政府が市場の原理を声高に主張しながら、銀行に対してはそれに徹しておらず、会計上のごまかしを黙認し、延命に協力するような保護主義的なことをやっているからダメだと言う。それだったら「本物の新自由主義になってみろ」と政府に言いたいのかというとそうでもないようで、弱者切り捨てによってかえって国民の経済的活力を奪っていると言う。じゃあどうすればいいのでしょうか。

人にはオールタナティヴを出せと言っているわりに、自分じゃ政府や銀行が会計上のごまかしをしていると批判するだけで、あまりオールタナティヴらしきことは言わないんですね。まあ、弱者に対する十分なセーフティネットを提供すると同時に、景気を本格的に回復できる魔法の特効薬があれば、とっくの昔に理論化されているでしょうけれど。〝ラディカルなメディア批判〟なんてやるよりも、特別会計の整理統合についての具体策でもちまちまと、しかし堅実にやればいいのに、あまり意味のない〝ラディカリズム〟をやっているように私には見えます。〝何か〟を派手に否定することで〝ラディカルさ〟を示そうとするやり方は、ご当人は積極的なことをやっているつもりなんでしょうが、第三者的に見ていたらすごく不毛ですよ。安易な二項対立に基づく弁証法思考からなかなか出てこようとしないのが、左翼おじさんの嫌なところ。だから僕は、西部邁の「保守主義」もあまり賛成できません。

右／左のどちらの立場を取っているかに関係なく、「俺はこれだけ潔いこと言ったからラディカルなんだ、認めろ」っていうこれみよがしな態度自体が歪んでいると思う。最初の話に戻すようですが「ほんとにラディカルな思想」だったらそう簡単に他人に理解されないはずです。人間って大体自分のそれまでの経験に基づいて相手を判断しようとするから、ほんとにラディカルな思考で、ほんとに既成のものと隔絶していたら、ラディカルだって周りの人になかなか伝わるはずがないでしょう。しかし、伝わらないことに我慢できないわけですね。

〝社会的に評価されるラディカルさ〟を追求して、目に見えるところで〝ラディカルにしよう〟と思うと、かえって表層的になるのは当たり前のことです。はっきり目に見えるということは、普通の人に理解されるっていうことだから、本当のところはラディカルじゃない。この時点で既に勘違いしているんです。

■——じゃあ最もラディカルっていうのは、どこかの誰かが頭のなかで考える思考実験みたいなものだっていうことですか？

仲正◉そういう言い方は左翼がブルジョワを否定する時の皮肉に聞こえますよ（笑）。別に自分の内に篭って観念的に思考し続けろってことではないです。人に伝える努力、情報交換する努力もいるでしょう。大事なのは「ラディカルな思考に自分で行き着くのも難しいし、他人に伝えるのは更に難しい」と自覚すること。ほんとにラディカルだったらじわーっとしか伝わらないと思います。すぐにわかって「ああこれがラディカルなんだ」と誰にでもわかるようなものっていうのは、結局は陳腐でありふれている。ありふれているものに自堕落に迎合しやすい、ステレオタイプが出て来るんですよ。テレビのお笑い番組みたいに通俗的な願望を刺激するところがあるから、わかりやすくて広がっちゃうわけでしょう。そんなふうにわかりやすいものをラディカルっていうのはそもそもおかしいんです。

さっきも言ったように、暴力だったら世の中にありふれていますよ。フリーセックスだってありふれている。ありふれていることに開き直ってラディカルそうな理屈をつけていただけのような気がします。文化左翼連中は大衆消費社会の通俗性を批判しようとするけど、実は自分たちも〝大衆消費社会的にラディカルにアピールするわかりやすいもの〃を基準にしているんです。左翼は、ラディカル・パフォーマンスが商品化されたりすると、「我々の抵抗のための戦略を、コマーシャリズムの中に取り込んで、制度化してしまおうとする資本の側からの囲い込みの圧力が……」とか偉そうなゴタクを並べるけど、僕に言わせれば、当人たちが最初から俗な発想してるんだから、取りこまれて当たり前です。それを願っていたんじゃないのかな。本当にイヤだったら、最初から自分たちだけにしかわからないような〝真のラディカルさ〃を自分たちだけでひっそりと追求していればいいと思います。一般大衆にわかって通用しなければ価値がない、というコマーシャリズム的な思い込みは間違いです。

■――ひとつの「翼《よく》」というからには運動をやっているわけですから、わかるようにやらないと。

仲正◉「分かる」ということの内実が問題ですね。単純に〝分かった〃つもりにさせるだけで満足するのであれば、それは通俗的にならざるを得ないでしょう。ハリウッド映画で暴力的な欲望を刺激するのと、左翼右翼が暴力的な武勇伝で人の支持を集めるのと、決定的に違うと言えるのかどうかという話です。

誰にでもわかりやすいラディカルさというものを無理に説明しようとすると、最初に言ったように、まず外に見える形からラディカルに変化させて、社会秩序に撹乱を生じさせ、日常性に浸り切っている大衆の意識を変えるんだとかいうような、下部構造決定論と疎外論を折衷したような理屈を無理矢理言うしかないけど、実際には大衆に受けのいいように、かなり中身を薄めて伝えているにすぎません。そのもとの中身が本当にあるのかどうかもあやしいでしょう。とにかく、普通の人でも日常的感覚で〝革命的に〟「実践」できるかのような言い方をする。普通の人が日々革命的実践を行っているんだったら、左翼の思想家とか活動家なんかいらないはずです。

〝ラディカルさ〟の尺度の中に通俗性、大衆性などを含めてしまったら、運動としてだんだん通俗的で自堕落になっていって、どこかで自己崩壊するのは当たり前です。まあ、自分たちの運動が社会の自堕落さに合わせて自堕落になっていく必然的帰結として自己崩壊してしまったのを「これで、よかった」と潔く言うのであれば、ほんとにラディカルだったのかな、と認めてやってもいいかなと私は思うんだけど、そうは言わないでしょう。自分が社会の大多数、大衆から受け入れられていないことの不当性を主張し続ける。そういう「知識人」こそが「大衆人」であるとスペインの哲学者のオルテガ（一八八三－一九五五）が言っていたわけだし、西部さんも東大を辞めるちょっと前にしきりとオルテガを引き合いに出して言っていましたよね。

でも今の左翼は潔くない。「私はこんな左翼的主張をしているから教授会や学会じゃ相手にされない」といった類のことをよく耳にします。先日「朝まで生テレビ！」（テレビ朝日）で、東大駒場で国文学を教えている小森陽一（一九五三－　）が「私は憲法改正に徹底反対してるから、日本で言論から排除され、迫害されている」とにこにこしながら言っていました。僕は、馬鹿言うんじゃねえ、と思った。お前、東大の教授ずっとやらせてもらってるじゃないか、そういうテレビになんか呼ばれてるじゃないか、発言する場もあるじゃないか、それで何が言論の場から排除されてるんだ、偉そうなこと言うんじゃねえ、と。多分、東大の教員を中心とするエリートの仲間うちでなかなか自分の言ってることを聞いてもらえないってことを、「排除されてる」と言ってるんだろうと思いますけど。

そういう風にエリート仲間から理解されるのを期待すること自体がそもそもおかしいんです。そんなにラディカルなことを言っているんだったら、エリート仲間から聞いてもらえない方が当たり前だと思わないといけない。だって、体制あってのエリートだし、言っているご当人も言われている方と同じくらい、あるいはそれ以上に特権的地位にあるわけだから、言われてる方も「なんであんたが言うんだよ」と思うでしょう。いいご身分なわけですよ。小森さんのような人は、そういう反応を当たり前だと思わない。学者などの特権階級仲間から相手にされてないから言論から排除されてるとかそんなこと言ってるけど、別に昔みたいに特高が検閲してるわけでもないのに抑圧されているというのは大げさです。

本人たちも半ばわかってるんでしょうけどね。そうはいっても、自分はまあ東大の教授だし、発言する場所はあるし、とかほんとは思ってるんでしょうけど、そういう本音を言ってしまうと自分の構えがおかしくなるから、「私は憲法改正に共産党以上にラディカルに反対してるから」とラディカルに叫んでしまう。実際、田原総一朗（一九三四‐　）が苦笑いしながら「小森さんはラディカルなんだ」と言っていました。そもそも、東大の教授でありながら「私は分かってもらえてない」というような甘えたことをテレビで言わせてもらえること自体、相当に恵まれてると思わないといけないはずです。「言論界のなかでずっと排除されてる」というのを売り物にしているとしか思えません。

でもそういうことは右の連中も言いたがるでしょう。西部さんも言いたがるし、八木秀次（一九六二－　）も言いたがる。「あんたたち、それだけ言わせてもらってたら、自分は発言の場があって恵まれている、と思わんのか？」と僕は思う。ラディカルな思想家だと自認してるんだったら、発言の場が与えられないのが当たり前でしょう。そんな危ない奴にしゃべられたらみんな困るわけだから。商売で言ってるんだったらわかるけど、「商売でラディカルにやっていますよ」と素直に認めたら商売にはなりませんよね。本気かどうかわからないけど、排除されていると強調したがる知識人に対して、「ああそうですか、ほんとにそんなに排除されてるんですか」と真剣そうに尋ねて、排除の内幕ストーリーを描こうとする愚かなマスコミ人もたくさんいるから、そういうことはなかなかなくならないですね。

ダメな男がいる、ダメな女がいる、面白いっていうだけの話

■――たとえばそうやってラディカルさが安売りされてる状況のなかで、社会事象としてこれはそういう影響受けてるなあっていう例って何かありますか？

仲正◉そんなのは数え上げたら切りがないですよ。ワイドショーなんかで、芸能人が自分のヘンテ

コで恥ずかしい体験をナマナマしく語っているのを、コメンテーターたちが「そういう生き方もあるんですねえ……」と感動したふりをしているようなシーンをよく見ますよね。単に人前で言うのをはばかられるようなことを〝顰蹙を覚悟で敢えて言った〟というのを売り物にするのは、左翼的なラディカルの安売りの変形だと思います。例えば酒井順子（一九六六－）の負け犬とか、倉田真由美（一九七一－）のだめんずを好きになる女とか、本当のところ放っておいてもいい話でしょう。「こういう生き方があるんだ！」っていう程のことでもない。なるようにしかならないんだから。漫画とか小説で売って商売にしている分にはいいんだけど、新しい女の生き方みたいに持ち上げて、論争したりするのは歪んだラディカリズムだと思います。

倉田真由美はマスコミでそれらしいコメントを求められたら、何か人生の真実がわかってる風なものの言い方をして、ラディカルな女の生き方を語るキャラを演じているふしがある。駄目な男を好きになりながら生きていく女性の生き方を示す思想家みたいなふりをしながら、商売しているような気がします。「駄目な男を好きになったらまあしょうがないでしょう」というだけで終わってしまったらコメンテーターとして重宝がられないから、それらしい説教っぽいことを言ってしまうわけですね。ああいうのが転倒したラディカリズムだと思います。

最近、恋愛に関する妙なラディカリズムが多いですね。例えば小谷野敦（一九六二－）の『もてない男』（ちくま新書、一九九九年）の受容のされ方なんかも大分転倒しています。別に「もてない男」の生き方を説教するつもりは本人には元々無かったんでしょうけど、持ち上げるマスコミや誤解して批判するフェミニストたちにひっぱられるような形で「もてない男」としてラディカルに現代日本を斬るみたいになってしまっているふしがあります。

駄目な男がいる、駄目な女がいる、面白いっていうだけの話だった。それだったらそれで放っておけばいいのに、その代表として取り上げられたキャラが「駄目な恋愛をする人間はこういうふうに生き延びて行けばいいんですよ」っていうモデルを示す説教師みたいな役割を与えられてしまうんですね。最初から特にラディカルでもなくて、世の中で当たり前になりつつあることをうまく表現しただけなのに、「いやあ、なんかすごい生き方ですねえ」とかいうふうに持ち上げて商売するジャーナリズムが妙なラディカリズムをでっちあげてしまうんです。

そういう〝ラディカルな生き方〟って、本当のところは一回性のものでしょう。ああ、なんかこの人変わってるな、って思って、それで終わりのはずです。それをテレビのコメンテーターを使って「こういう生き方も魅力的ですね」とか一般化して商売しようとするから、段々通俗的でつまらないものになっていくわけ。もともと陳腐なものが受け入れられるんだから、余計に陳腐になっていく。受け入れられるっていうのは、やっぱり楽しながら〝生き生き〟としていたい、という下卑た欲求にどこか迎合してるんです。で、その敷居を下げていくと、ポピュラーにはなるけど〝ラディカル〟というイメージは宙に浮いてしまいます。

近代市民社会には元々タブーの敷居が必然的に下がってくるメカニズムがあるんですね。封建制から解き放たれたばかりの「市民」っていうのは、最初は特権的エリートだったけど、だんだん都市の住民が増えてきて、市民＝大衆になっていくわけだから、敷居が低くなるのは当たり前のことです。別に努力しなくても市民になれるわけだから。

十九世紀のドイツには「教養市民層」という言い方があったけど、その内に別に教養がなくても行儀が悪くても何となく制度的に「市民」として平等に扱ってもらえる社会になってきて、結果として緊張感がなくなってきた。人間、緊張感なんてない方がいいに決まっているから、大衆として弛緩していられる状態にだんだん居心地の良さを感じるようになります。でも、何かしら緊張感を与えてないと「人間」って崩れていくものでしょう。

しかし弛緩し続けると今度は退屈になってくるから、ある程度緊張感を与えてくれる〝ラディカルさ〟が欲しくなります。しかしあまりに高い緊張度のあるやつだとダメだから、少し妥協する。妥協していく内に敷居がだんだん下がっていく。そこで新しいタイプの〝ラディカル〟が安っぽく出てくる。

暴力は市民社会に生きる普通の人にとって敷居が高いんです。暴力に緊張感はあったけど、敷居が高すぎると広がらないから段々下げていくことになって、できる限り楽して退屈しないですむようにしたいというような虫のいいことを考えてしまう。きつくて大変な刺激だと長続きしないから〝若干の刺激〟がいい。〝ラディカリスト〟たちがカンフル注射のように時々若干の刺激を与えようとしても、全体的な敷居は下がっていく。彼らの悪あがきが失敗して〝ラディカルさ〟の空疎さが露呈することで、余計に敷居の低下が加速する。人間はだんだん自堕落になる。そういう弛緩した状態を「動物化」っていうんじゃないでしょうか。

「自堕落でスローに生きるためのプログラムを早急かつ真剣に作成する使命がある」

仲正◉ラディカルさを売りにする左翼系の知識人は、逆説的なことに〝庶民〟にとって耳に心地よいことを言おうとするんですね。「庶民に夢を与える」ようなオールタナティヴじゃないといけないんです。社会的弱者のために戦っているラディカリストとしては、夢が叶わなくなる社会になるっていうのは言いにくいんでしょう。でも、欲望の赴くままにどこまでも「夢」を見続けたら、究極的には「いやな労働をしないでも生きていける社会が一番理想的」だということになります。実際、共産主義は「労働」からの解放を目指していたんだから。それってすごく自堕落な、だめ連的な世界ですよ。でも、そうした労働主体性が崩壊して、漠然とした夢だけがあるニート的状態をユートピア的だって言わなきゃいかんっていう妙な使命感が残っています。

「人間、普通に生きてたら結構つまんないもんだ。でも、まあ生きていたいのなら、つまらないのは我慢しなきゃね」という感じのしょぼいことは言えないんですね。しょぼいのは思想じゃないと思ってるから。敷居を下げてって、どんな自堕落な生活をしても何も言われないような、何でもありの社会がラディカルで新しい社会だというような理屈を無理やりつくってしまう。要するに、縛るものが無い世界、制約がない世界、自由な＝解放された（liberated）世界ですね。でもそれは「究極まで自堕落になれ」って言ってるのと同じことだと思います。だったら、自分自身が率先してさっさとニートになればいい。啓蒙的言論活動みたいな余計なことを止めて。「自堕落でスローに生きるためのプログラムを早急かつ真剣に作成する使命がある」っていうのは、ヘンですよ。そういうことの滑稽さにいい加減に気が付くべきだと思います。

最近では少しソフトになって「これをしてはいけない、あれをしてはいけないってタブーばっかりある社会は非常に嫌ですね。それをやってもいいような社会を作りたいと思いませんか」というような感じの言い方になっていますが、基本的な発想は「ラディカルに破壊する」のままです。タブーなきユートピアのような幻想はそろそろ卒業すべきだと思います。タブーがないというのは結局「動物化」するしかなくなります。

動物化するということは、人権を捨てるということ、「人間」である「私」たちに普遍的に備わっているはずの基本的権利の主張を放棄するということに繋がります。そうすると、ホームレスみたいな人たちが人権を保障されない惨めな生活をしているから不当だというような発想も捨てねばならない。当然、自分がそういう立場に立っても異議申立てできませんし、文句を言っても聞いてくれる公的機関はなくなります。そんなのはいやだ、と本音では思っているのなら、そろそろ正直になって「そんな制約のないユートピアはかえって不自由だ、それはかえって生きづらい、ほんとにそうなってしまったら嫌だ」と認めるべきです。自分でも信じていないことをいつまでも言い続けるな！　左翼右翼の人脈商売のような汚いまねをするな！　自分たちは金のためにやってるんだと正直に認めろ！　と思いますよ。本当にタブーのない動物化された社会になったら、そんな商売自体成り立たなくなるはずです。そういう意味のないパフォーマンスはやめてほしい。

「人間」を続ける以上、一定の制約は必要です。僕は「人間」っていうのはそんなに安定しているものではないと思っています。生物学的に「人間」の本質が決まっているとは思わないし、「人間とはこういうもんだ」っていう社会的・歴史的に構築された制約なしに「人間性」が成り立つとも思わない。自堕落に弛緩してく方向に進んで行ったら「人間」にとって嫌な社会になりますよ。動物になりたいのなら仕方がないけれど、動物がいやなら「ラディカル、ラディカルっていっても、人間である以上どうしてもできないことはある」ってちゃんと認めた方がいい。「人間」としてどうしてもできないことはできないって、はっきり認める方が根本にまで立ちかえって考えているという意味で〝ラディカル〟だと思います。

帰ってゆくべき場所、答えはなかなか見つからない

■――コモン・センスにかえっていくという感じになるんですか？

仲正◉コモン・センスに戻るとは限らないでしょう。

■――直観的に感じてる常識みたいなものの声を聴いた方がいい、と？

仲正◉僕は、直観的なコモン・センスってあんまり信用してないんです。何が自分たちを「人間」

たらしめてきたのかっていうことは結構難しいと思います。慣れ親しんだコモン・センスとか個人的直観って、あまり当てになりません。我々のコモンセンスについての〝記憶〟はかなり歪んでいると思うから、再発見・再構築する必要があると思います。直観的に一挙にコモンセンス的なものにラディカルに飛びつこうとすると、左翼ラディカリズムのユートピアと同じような、ヘンな伝統を作り出してしまいます。ラディカリズムは右でも左でも大差ありません。

「人間」というものは、ネガティブな面から考えると、フーコーが描いているようなイメージになるでしょう。監獄だとか学校だとか、監視システムみたいなものに縛られることによって辛うじて「人間」をやっていられるようなイメージですね。フーコー的な「人間」観に立つとものすごく夢がない。監視されて秩序に従属していなかったら「人間」でいられないという話になってしまう。フーコーは「『人間』は自然になくなるだろう」派だからそれでもいいのかもしれないけど。フーコーが示したような否定的な「人間性」の定義を踏まえたうえで、我々はどういう「人間」になろうとしているのかを再発見する努力が必要だと思います。

でもそれは、別に道徳を最初に持ってくるということではありません。我々を縛っている身体化されている様々な慣習、ブルデュー（一九三〇－二〇〇二）の言い方だと「ハビトゥス」を徐々に組替えていくということが重要です。「慣習」というと、西部さんたちはコモン・センスの話に性急に戻ろうとするけど、あれはちょっと気が短すぎるような気がします。彼は「伝統」とは硬直的なものではなく、伸縮自在だとかしきりに言っていましたが、自分の立ち位置を「保守」と規定してしまうと、歴史上のどこかの時点で通用していた道徳をモデルにすることになってしまいます。「豊かな伝統」があるっていう前提で話を始めるのはどうかと思うな。「保守すべき確固とした伝統」がないのなら別に「保守」を強調することもないでしょう。まあ、一応「保守」と言っておいた方が発言の場を確保しやすいんだろうけど、僕はそういう面倒なのはいやです。

それに「コモン・センス」って簡単に言うけど、本当に役に立つ慣習的・実践的知恵があったとしても、そういうのはなかなか思想として定式化されにくいと思いますよ。文章になってるもの（エクリチュール）って、そんなに信用できないような気がします。エクリチュール化されていない部分はどんどん変化するから、捕まえきれない。昔に戻ればいいってニュアンスのことを安易に言うべきじゃないと思います。それを安易にやろうっていったら結局左翼と同じことになってしまいます。左翼だって共産主義社会に「戻ろう」っ言ってるわけですから。そういうのを二項対立というんです。左翼をやめたから逆の道に行って保守になるというのでは、肝心のところが変わっていません。「人間」の在り方についての絶対的な安定っていうのはなかなか得られないものだと僕は思います。

なぜこうやると私は自分が正しいというような妙な高揚感を持ってしまうんだろう、と

仲正◉左翼は「ラディカルに変革していく」って言いながら、同時に最終的な落ちつきどころを求めている。自分たちが示した〝ラディカルさ〟が社会的に承認されて、自分たちが〝普通〟になっ

ていくような状態を目指してしまっているんです。自分たちがずっと少数派でありつづけるためのラディカルさではない。少数派である必然性もないけど、認められる見込みのあまりない〝ラディカルさ〟っていう発想はしない。そういう左翼を二項対立的に逆転すると、保守的な落ち着きどころを求める発想に転化します。保守の方がもとからの伝統に依拠できる分、楽ですからね。そして頑固親父的になる。「これが人の正しい在り方だ」っていうふうに説教するようになる。左翼の矛盾した〝ラディカルさ〟を反転して開き直ってしまったらそういう話になります。「人間」にとっての絶対的な安定を求めようとすること自体そもそもおかしいと思うんですけどね。妙に「人間本性」っていうのはこういうもんだっていう固定観念を持っているから、こっちに行った方が人間本性に合致していて、落ち着くというような発想になるんです。

■――哲学書を読むような人というのは基本的にはそういうものを探してしまうのではないですか。

仲正◉いや、そういうものを破壊するのが哲学でしょう。なぜ「本性」のようなものを措定したくなってしまうのかと考えるのが哲学のはずです。そこを勘違いする人が多い。なぜ私は居心地の良い、安定した人間像というものを求めてしまうのか、と問い続けるべきです。別に昔の新左翼みたいに「人間本性」の破壊を目指す必要はないですが。

■――それは、数学者が難問を解きたい衝動にかられるのと同じで、一つの結論を出したいということではないかと思うのですが。

仲正◉それは答えを求めてるんじゃなくて、実は、答えを作ってるんですよ。答えが出るはずはないのに、無理に作ってるんです。ヤスパース（一八八三―一九六九）は、哲学は宗教と違って「答え」を出すものではないと言っていたけれど、最近はそういう話が通じなくなってきている。

答えを求めるのが悪いというわけではありません。答えを求めたくなるのは仕方がないけど、「答えが出る」と最初に決め付けてしまうのは問題です。答えを出すことを急ぐと「答えが出る」ような問題設定にしてしまいます。左翼の悪いのは、答えが「すぐに出る」ような問題にしてしまうことです。答えまでのプロセスもあまり考えないしね。答えは決まってるから。プロセスについての議論も自己満足的な確認になってしまう。〝自明なこと〟が何で自明なのかっていうふうに考えるのは無意味だと思っている人が哲学者で増えているように思います。分析哲学には露骨にそういう傾向があるし、左翼は左翼で最初から「答え」は弁証法的に「出てくる」ものだと思っている。「何故答えが出るのか？」などと抽象的に考え続けていても埒があかないから、ということになるんでしょう。

無理して哲学を、「答え」を出すことのできる学問にする必要もないでしょう。分析哲学の人たちは、自分たちのやっていることが理系の科学のように確立した一つの学問だと思ってるから、何か答えを出さないといけないと思ってしまう。ドイツ観念論やフランスの現代哲学をやっている人は、必ずしも自分のやっていることは理系の学問のような意味で完成したディシプリンだとは思っていないふしがあったから、「問い続ける」のが当たり前みたいなところがあったけど、最近はそうでもなくて、どこかで「答え」、つまり現状を打開するオールタナティヴを出さないと「役に立たない」

と決め付けられてしまうのではないかという恐怖感があるのではないでしょうか。それで「問い続ける」のが辛くなるんですね。大学の制度の中では、学生に対する授業とか業績評価という形で〝答え〟らしきものを出さないといけないけど、あれは本来の哲学＝愛知（philo-sophia）ではなくて、「哲学史」です。本来はずっと考え続けているのが哲学だと思います。

いずれにしても、何で私はこれこれの状態に安らぎを求めようとするんだろう、何でこういうふうにやると私は自分が正しいという妙な高揚感を持ってしまうんだろうとかってことを考える態度も必要です。でも、そういう「問いを立て続けること」の価値はものすごく低下して、そういうことを必要だと思う人が段々段々減っている。そういうことの必要性をアピールしている人間もいるけれども、そういう人自身が中島義道（一九四六－　）みたいにヘンな人生訓を説くキャラになってしまったりするから転倒してしまうんです。

II

仲正◉「自堕落」になっていくのをラディカルだというふうに言ってしまう転倒傾向があるという話をしてきましたが、その延長線上で、論壇の崩壊現象みたいなことが起こっていると思います。論壇ってそもそも何なのかよくわからないところもあるけれど、二十年くらい前まではどういう人たちがどういう風に「論壇」を構成しているのか、一定のイメージがありましたね。ここ十何年かの間に〝論壇〟の輪郭が段々ぼやけてきているし、文壇も怪しい。何か軸になるテーマがあって、これこそが知の主流だっていう感じの議論に対して論理的に反対する人がいないと〝論争〟が起こらないから、全体的に輪郭がぼやけて崩壊していくということになってしまいます。そうなったのは、「自堕落」になることについての開き直りとしてのポストモダンが出てきた頃からでしょうか。浅田彰とかが出始めたくらいかな。思想の大衆浸透っていう以前に、論壇自体が成立しなくなっている。権威に対しては、たとえ反発しても、じっくり傾聴したうえで反論する、というような「知的権威」に対する畏敬の念のようなものがなくなったせいで、〝論壇人〟たちは自分でパフォーマンスをやって、自分の権威を演出していないと立場を保てなくなっています。論壇、文壇は、バカこそ尊いんだっていうふうになるとほんとにすぐ成り立たなくなる世界です。大衆受けするラディカリズムの負の影響で、自分で自分の首を締めた帰結が一番すぐに出てくる世界でしょう。敷居を下げるとすぐに崩壊してしまう。小さいサークルの中でしか〝知的権威〟を保てない人間が偉そうに喋っても、他の人は聞く耳を持ってくれません。自己崩壊が速やかに、かつ簡単に起こってしまう。

■——じゃあ、浅田彰さんなんかは随分それに手を貸したということですか。

仲正◉手を貸したと思います。浅田彰とか中沢新一（一九五〇- ）とか、彼ら自身は結構知的エリートで学識はあるんだけど、あの人たちが出てきた頃からアカデミズムがファッションになっていったきらいがあります。彼らはファッションのように見せることで黴の生えたような役に立たない知識の上にあぐらをかいている古い権威に挑戦したんだと思いますが、彼らの信奉者たちの間には、流行を表面的に追いかけるだけで教養を軽視する風潮が広まったのではないでしょうか。ただ、よく考えてみると、ファッションもちゃんと修行して着こなせるようにならないとバランスが悪くて格好悪いですね。ファッションだったらファッションなりの扱い方ってあると思うんだけど、ポストモダン・ブームの中でファッションだからインスタントに使い捨てできるかのように見なす悪い傾向が出てきました。別にポストモダニズムの内容自体の問題じゃないですよ。中身は別にして教養を身につけることが知識人の条件だっていう感覚が大分薄らいでしまったことが問題です。

戦後の論壇ってもともと『世界』と朝日の文化欄を中心に形成されてきたわけでしょう。ああいうところに丸山真男（一九一四-一九九六）だとか大塚久雄（一九〇七-一九九六）だとか内田義彦（一九一三-一九八九）とか、昔の大江健三郎（一九三五- ）とかが書いていた。丸山真男だったら、政治的に反対の立場の人でも無視できないような知的オーラのようなものがあったし、そこに全共闘の頃から吉本隆明とか廣松渉（一九三三－一九九四）といった新左翼系の論客が参入してくる。『諸君！』や『正論』といった保守系の総合雑誌っていうのは、そうした左翼論壇に対抗するっていうポーズを取っていたんです。高坂正尭（一九三四－一九九六）とか香山健一（一九三三－一九九七）、勝田吉太郎（一九二八－）、江藤淳（一九三二－一九九九）といった人たちが論壇の主流になっているリベラル左派に対して、こっちの方が真の知的権威だという感じで論争を挑んでいたので、論壇らしきものが成り立っていたんでしょう。

両方に権威がいたから、それほど勉強していない人たちもあまりにもおバカなことは言えませんでした。バカなことを言ったら敵方の権威に叩かれるだけでなく、味方の先生からも叱られるのではないかという恐怖があったからです。丸山真男とか江藤淳のようなタイプの知識人だったら、たとえ自分の信奉者だとしても、おバカを言って回るのを許してくれそうになかったから、バカと思われて相手にされなくなることがないよう、まず権威が認めてくれるような基礎教養を身につけねばならないというような雰囲気がありました。これが知的重みですね。そういう緊張感が、ポストモダニズムが出てきた頃から次第に溶解しています。「ポストモダニズムはいかん、いい加減だ」って言ってる人間自身が大分いい加減になってきてしまった。

あまり知的権威はないけど、パフォーマンスで目立つ人が〝論壇〟で偉くなりはじめたってことです。あまり教養がなくても大学の教授とか評論家になることができるようになったことで、教養が上の方から崩れてきています。

■――それはラディカリズムとの関係でいうとどういうふうに位置づけていけばいいわけですか？
仲正◉ラディカルな左翼が崩壊させるべき「知的権威」がそもそもなくなっているということでしょう。左翼の反エリート主義には元々矛盾があります。自分の方もある程度ものを知っていないとエリート主義に対するちゃんとした批判もできません。昔のラディカル左翼は、元はエリートだったからある程度の教養はあって、「あんたはエリートだから、エリート特有のこういうふうな偏見を持ってるんだ」っていう責め方にもある程度のリアリティがあったんでしょう。吉本の丸山批判にはそういう傾向があったと思います。エリートの知に民衆の知を対置しようとする時、エリートの知がどういうものか自分で把握していなかったら、まさに机上の空論になってしまいます。
　最初から問答無用で「お前はブルジョワだからそう言うんだ」って怒鳴ったら元も子もなくなるから、そういうのは控えさせねばならないという風潮が昔はあったと思うんだけど、どこかで消し飛んでしまった。最初からレッテル貼りとプロパガンダをやっていたら単純にバカになるだけだからダメだ、という歯止めの意識みたいなものがいつのまにかなくなってしまったんです。エリート的な人たちには、単に暴力で屈服させるだけではなくて、やはり知的にも論破しなきゃいかんっていう節操が少しはあったのではないでしょうか。その感覚がなくなっている。ラディカル・パフォーマンスに専念しているうちに段々段々知的に論破するっていうことがどうでもよくなってきて。やはりポストモダニズムとペアでニューアカデミズムが流行り出したことがその始まりなんでしょうかね。

浅田彰、中沢新一、栗本慎一郎（一九四一－　）たちが牽引役になっていたニューアカデミズムっていうのは、アカデミズムの専門領域だけではなく、ジャーナリズムとか芸術と融合して知的表現の方法を変えるというのを売りにしていたと思いますが、ニューアカの業界にはあまり「論破するぞ」っていう文化はないですよね。浅田彰の本に『逃走論』（一九八四年）というのがありますが、あの「逃走」は「闘争」のもじりです。多分左翼連中が弁証法的な勝ち負けに拘って「論破する」っていう言い方をするのを不毛だと思って「逃走」するという言い方をしたんでしょうが、ほんとに「逃げ」続けると余計に不毛になります。知的論争にならずに「ダサい」っていう言い方で終わりになってしまうから。「ブルジョワだからこういうイデオロギー的偏見を持つ」だったらブルジョワ性とイデオロギーの間の関係を筋道を立てて証明するように要求することもできるけど、「それはダサい」だったら論証／反証は関係ないでしょう。

さっきの、知がファッションになるという喩えで言うと、ファッションとして身につけるというよりは、ファッション＝流行になってきて、「時代的に遅れてきたら理由がなくても変えてもいいもの」になっていきます。「論破」はいりません。流行の変化と共に思想の方も脱ぎ捨てて新しいものに変えるっていうふうになると、別に弁証法的に闘争して変えなきゃいけないっていうこともない、立場を変えるのに手続きを踏まなくてもいいっていうことになります。

バカの真似ばっかりやってたらバカになるのが当たり前

仲正◉遡って考えると、革命的な暴力によって片を付けると考え始めたぐらいからもう既に崩壊は始まっていたんだと思います。マルクス主義の運動って『共産党宣言』（一八四八年）以来そういう体質を持っていましたね。直接的に暴力とまではいかなくても、暴力の原動力となる大衆を味方に付けたら「論破」したことになるっていう妙な発想です。階級闘争に基づく発展史観だから、大衆の支持を得られるということは歴史的に勝利しつつあることの証左だということになるんでしょうが、実際には大衆迎合して味方を増やしただけにすぎない。それを相手を「論破」したことになるというふうに錯覚してしまう傾向がありました。その錯覚を延長していくと、流行が変わって、自分たちがポピュラーになれば、勝ったことになるという発想へと堕落していきます。どれだけ聴衆の支持を集めたかっていう基準で論破したかどうかを測るような愚劣な真似をしておきながら、ポストモダニストに対して「あいつらは流行でセンスが古くなったから変えるっていうのはけしからん」などと言っても説得力はありません。自分たちがそういう風潮のもとを作り出してしまったんですから。

にもかかわらず昔の左翼は、自分たちは「敵」を「論破する」能力は持っていると根拠なく思い込んでいたふしがありますね。それが間違いのもとです。ちゃんとした論戦もしないで、宣伝合戦ばかりやっていると、論理をきちんと構築する能力が失われるということに気付いてなかったんでしょう。自分たちは根がエリートだから、バカにはならないって思ってたんでしょうね。でも人間の知性って簡単に崩壊してしまうもので、わりと簡単に根っからのバカになれるんです。そこをわかっていなかった。他人のエリート意識は問題にしない。自分たちの前衛意識という名のエリート意識は問題にしない。自分たちはマルクス主義に根ざしたちゃんとした知性を潜在的に持っているとたかをくくっている。自分たちは知的だけど、周りがバカだらけで理屈を言っても通じないから、仕方なく大衆の支持を集めるためのラディカル・パフォーマンスをやっているんだと自分に言い聞かせて、議論を軽視している間に、「社会的存在によって意識が規定される」というマルクス主義の法則に従って、自分もバカになっていく。ちゃんと考えてみれば、どんなエリートでもスーパーマンじゃないんだから、バカの真似ばかりやってたらバカになるのが当たり前っていえば当たり前なんだけど、それがわからなくなっていたわけですね。

今ではあまり聞かなくなったけど、一昔前には「自由」と「放縦」は違うっていう話がありましたよね。放っておいて放縦になるのは簡単だけど、精神的な自由を獲得するのはそう簡単ではないという話が。その場合の精神的な自由というのは、「物質的な欲望から自由になって物事の本質について考える」ということです。「人間本性が精神の自由を求めている」っていうのは、カントに連なるドイツ観念論の発想ですが、そういう本性は使わなかったら曇っていきます。だから教養＝

人格形成という意味での〈Bildung〉が必要になる。左翼の変なのは、観念論を否定しているわりに一番根本の価値観が観念論っぽいところです。人間は、特に左翼的人間は、「真の自由」を求めているのだという人間本性論みたいな考え方を持っているから、自分たちはたとえ大衆啓蒙のためにバカなパフォーマンスを続けていても、放縦で自堕落な人間にはならないと思い込む。実際には知的活動をやってないからほんとにバカになっていきます。「愚かな大衆が騙されている。彼らの意識に対応するために啓蒙しなければ」って言いながら、実は自分もバカになっていくということに気付いてなかったんですね。

■――マルクス主義の場合だとおそらく自由というのは法則を発見することですよね。社会の法則を発見することが自由。観念論的に言えばエンゲルスが言っていた「必然の王国から自由の王国への飛躍」(『空想より科学へ――社会主義の発展』一八八二年)という考え方で。

仲正◉法則を発見するという努力を段々しなくなるんです。既に発見したつもりになってしまって、その安心感の中で愚かになっていく。新自由主義批判の急先鋒の斎藤貴男なんか、最近まともな取材をしたとは思えない本ばかり書いているでしょう。彼はエッセイストではなく、ジャーナリストのはずですよ。でも、講演会に行った先で反対運動をやっている人間から仕入れた情報を「現場で得られた生の知識」と称しているような気がします。反対運動に行って一緒にメガホンをとってアジることを、現場に行って身をもって体験してわかった、と主張するのは、取材対象から距離を取るように努力するというジャーナリズムの基本に反していると思います。

左翼集団に密着して〝取材〟するというのはそんなに大変なことでしょうか。左翼の知り合いがいないと大変なことかもしれないけれど、コネクションがあればむしろ楽なはずです。そういうところへ行ってアジるっていうのは、それまで普通に学者をやってた人なんかだったら最初は大変かもしれないけれど、馴れてしまったら惰性でできますよ。既に述べたように、汚い服を着て左翼の演説会場に行って仲間みたいな顔をして、「ああそんなに大変なんですね」と言うのは、最初しか自己否定になりません。どんどん知的活動から離れてバカになりますから。そういうのをルポみたいにして書いて、「ああこれこそが現場の生きた知なんですね」と自己満足してしまう。

そうしたちょっとした触れ合いから得たヒントのようなものをどうやって深めて分析するかということは考えないんです。そういう雰囲気を自分たちで作ってきてしまった。現場での知性と言いながら、実は左翼的な団体に惰性で入り込んでいるだけです。そういうのを「理論と実践」のモデルケースだという風に安易に認めてしまうからまともな知識人がなかなか出てこないという状況になるんじゃないですか。

政治の言説におけるオムライスって一体何なんだ！

■——論壇をテーマに、その崩壊過程を今語っていただいたわけですが、おかしくなっている知的コミュニティは他にもたくさんあるのではないでしょうか。たとえば政界とか……。

仲正◉とにかく論壇が一番酷いと思います。論壇が崩壊するということは、論争する文化が崩壊するということです。自民党の議員には小泉チルドレンの大多数のように訳も分からず群れているのもいるけれど、テレビなどに出て論争しているメンバーはそんなにバカじゃないでしょう。郵政民営化をするとどうなってくるかっていう法的・財政的・経済的仕組みについて、結構わかっている若手・中堅議員は多いと思います。

国会議員レベルだと、相対的に左翼の方がバカになっています。具体的な政策を勉強していないから、何かと言うと「新自由主義は弱者を切り捨てる」という決まり文句を繰り返す。社民党の福島瑞穂（一九五五－　）なんか総選挙（〇五年）の時に「自民党の政策はカレーライスだから、おじさんしか食べられない。社民党はおじいちゃんから子供まで好きなオムライス」なんて言っていました。バカっぽいうえにセンス悪すぎ。共産党は昔からイデオロギーバカ一筋だったけど、社民党は社会党時代よりもバカになっていると思います。政治の言説における子供の好きなオムライスって一体何なんだ！　あんなことをやっていたら、自民党の方は、社民党や共産党はバカだから本気で相手してもしょうがないと思うに決まっていますよ。国民の支持が少ないだけでなく、本質を突いたような批判をやってこない。どうせ「負け組政治・勝ち組政治にノー！」だなんて中学生でも言えるようなことしか言わないし、そういうのが「庶民に伝わる言葉」で良いという態度を見せているように思います。

左翼論壇に重しがなくなったように、左翼政界にも重しがなくなったんでしょう。自堕落に中身のないワンフレーズを繰り返す方向に流れていくのをちゃんととどめておいて、「それは意味のない話だ」「反権力のつもりかもしれないが、そういう愚民化政策に協力することこそ権力に資することになるんじゃないか」と、ちゃんと言う人間がいないと、どんどんバカになっていきます。論壇でも政界でも、そういうことを言う人間があまり重んじられなくなってきたということでしょう。

■――むしろ頑迷派みたいなのがいた方がいいっていうことですね。

仲正◉知的な頑迷さですね。でも当然、共産党みたいな頑迷さじゃだめです。バカな左翼一直線ですからね。自民党が何をやったらそれに対抗して何を言うかって最初から決まっていて、パブロフの犬のように条件反射で吼えているだけ。物事をちゃんと考える、真面目に考え続ける頑固さが重要です。叫ぶ前に、原点に立ち返ってよく考えてみるというような頑迷さは、それ自体当たり前のことだけれど、なかなか持てない。

与党とか権力者っていうのはいちいち政策を説明するのがめんどくさいし、権力維持で忙しいからあんまり考えたくないはずです。だから、反権力の立場をとる人間の方がちゃんと考えるようにイニシアティヴを取る必要があります。朝日とか岩波がちゃんと機能していた頃は多少批判的知性による均衡化作用のようなものはあったけど、今では世界の中心で反権力を叫べば叫ぶほどアホになっていく。考える習慣をつけないとだんだん「人間」が崩壊していきますよ。

■――そういう状況というのはある程度説明がつくわけですけど、じゃあそれはやっぱり岩波とかああいうのに「がんばれ」ということですか。

仲正◉「がんばれ」というと、すぐ部数を増やすとかいう量的な話になるのでいやなんですけど、問題は、部数を減らすことに対して辛抱が足らなくなってることでしょう。辛抱して知的な信用を確立しようと努力すれば、一時更に部数は減るかもしれないけど、とにかく一定期間頑張ってみよう、というようなリスクを覚悟する姿勢がないように見えます。そこで頑迷さが必要なのかな。昔堅気の左翼だったら、人気が下がって苦しくなっても、「自分たちは本気で考えて正しいことを言ってるんだから、いつかわかってくれる人が出てきてまた盛り返せるんだ」というようなところもあったでしょう。そういう意味での頑迷な基本姿勢は必要だと思います。もちろん、そう居直って勉強しないままバカの一つ覚えを続けて、マジでバカになったら仕方がないですけどね。

部数が減ったらすぐ「この路線は間違ってたんじゃないか」と慌て出すのはヘンです。政党が言うんだったらわかるけどね。政党は選挙があるから、ある意味ではしょうがない。でも、学術出版とかジャーナリズム、学者はそういうことを露骨に気にしちゃいけないはずです。左翼の人が大学の学者になることに意味があるとすれば、大学の先生になっていたらその時々の商売に一喜一憂しないですむから、知的批判に集中できるということでしょう。集中して批判的知性を磨くつもりがないなら、学者なんてやめて活動家に専念した方がいい。参議院の方が衆議院よりも選挙の影響を受けないで長期的視野を持ちやすいというのと同じ意味で、学者とかサラリーマン・ジャーナリストをやっているんでしょう。すぐに変節しないでもいいように。

部数が減ったことによって、自分の言っていることは大衆に受け入れられないような観念論じゃないか、ってすぐに動揺するのはよくないです。なかなか分かってもらえないことを言っているからこその「ラディカルな左翼」のはず。肝心なところまで揺らぐようならさっさと旗をおろすべきです。生活のためにやってるんだったら、それはそれでやればいいんだけど、まじめ左翼ラディカルの主張のつもりなら〝まともなこと〟を言って部数が減ったからといって被害者ぶることはない。売れない間、我慢しながら地味な勉強をして、教養を蓄えて、次に備えるということができなくなっています。

だから、権威のないスターみたいな人ばっかり作ろうとするんです。姜尚中（一九五〇－　）とか高橋哲哉（一九五六－　）とか。彼らは有名だけど、彼らを論破しようなんて酔狂な〝論客〟がいますか。そもそも論破しようにも、彼らの議論を支えている中心的な論理がはっきりしないから、何をどう批判したら論破したことになるのかよく分からない。姜さんって、別に専門の政治思想史の学者として広く認められているわけじゃないでしょう。ウエーバーの研究をやってたんだけど、おそらくみんなそんなことは知らないで、単に「在日の論客」としか思われていないんじゃないでしょうか。レベルの低いテレビの討論会でムードメーカーをやっているのがメインだから学者として認識されないのも当然です。姜さんとか高橋さんのファンの多くは、彼らを「かっこいい」と思ってるから〝読んでる〟だけで、本当に読んでるかどうかさえ怪しい。思想の中身が格好良いとは思ってないわけです。講演会などにもヨン様のおばさんとそんなに変わらないのが集まってるでしょう。「サン様」ファンですね。明石屋さんまは、『恋の空騒ぎ』（日本テレビ）の「説教部屋」で一時期、「サン様」をやっていましたよね。

スクープじゃないものをスクープ扱いしちゃいけないという節操がない

仲正◉朝日、岩波などの左翼的論壇が、左翼的に庶民受けがする人間をキャラとして前面に出している内にファッションになってしまっている。「ポストモダンは軽くてダメだ」と言いながら、自分たちも左翼的なファッションに則るような人ばかり採用してるから、知的権威は高まりません。

それにあの人たちは、左翼仲間がやってることに対してすごく甘い。下手なことをしても見過ごしちゃうでしょう。たとえば、ＮＨＫの従軍慰安婦番組改編問題*。取材相手に対して無断で「改編」したこと自体はＮＨＫの方が悪いんだけど、安倍・中川関与問題の報道については朝日の失敗です。彼らが圧力をかけてＮＨＫ幹部を呼び出したんだってことは証明できないんですから。朝日の記者の質問に対するＮＨＫの局長の発言の真意をめぐって論争していたけど、局長が「圧力を感じた」

「従軍慰安婦番組改編問題」◎ＥＴＶ２００１シリーズ「戦争をどう裁くか――第二夜・問われる戦時性暴力」（ＮＨＫ・二〇〇一年一月三〇日放送）。女性国際戦犯法廷に関する番組内容に関して、安倍晋三（当時・官房副長官）、中川昭一両議員の政治的介入によって、放送前の変更を余儀なくされたとする問題。ＮＨＫの内部告発が朝日新聞によって報じられたのは二〇〇五年一月十二日。

と証言したからといって、それだけで政治の力によって捻じ曲げられたことの証明にはなりません。少なくとも彼が「私は安倍（もしくは中川）さんから従軍慰安婦問題に関して一方的な呼び出しを受けた。そして、放映を止めないなら報復を与えると言われた」とでも言ったのなら、ある程度の証拠になるけど、そういった具体的な証言ではない。彼が勝手に「圧力を感じた」だけかもしれません。

ただ、局長たち幹部が臆病者だというだけなら、NHKの内部問題で終わってしまうし、そんなことは改編された番組が放映された直後から言われていたことだから、スクープにはならない。だから、あまり具体性はないけど、安倍か中川の鶴の一声で変わったような言い方にして、強引にスクープにしているわけです。

■――しかし、それでもNHKを叩くことはできますよね。

仲正◉だから、NHKの報道姿勢を集中して叩けばよかったんですよ。しかし、地道な批判ではなくて、強引にスキャンダルを持ち込んでスクープにしたやり方が問題です。左翼的新聞記者の悪いところで、とにかく悪い奴を叩くためだったら大した証拠がなくても強引にスクープにしないといけないと思っているふしがある。正しいと思って一貫して主張してるつもりだったら、別に大向こう受けを狙ってスクープにする必要なんかないでしょう。その根性が歪んでいます。

つまるところ、ワイドショーの発想です。ワイドショーの離婚騒動だとか愛人騒動だとか誰と誰が付き合ってるっていう騒動とかで〝身近な人〟が状況証拠的な証言をしたということをもって、独自取材によるスクープだとか騒いでいるのと証拠レベルでは大差ありません。何となく噂されていることに対して、第三者を呼んできてそれらしい状況証拠的な発言をとったところで別にスクープでも何でもないでしょう。新聞っていうのは、自分が大衆紙じゃなくてちゃんと知的に検証していく、しかも足で稼ぐ新聞だって思ってるんだったら、スクープ扱いする価値のないことはスクープにしちゃいけない。魚住昭（一九五一－）は『現代』で全てが解明されたかのような強引な決め付けをしていましたが、NHKの局長の証言だけでは、NHKの醜聞にしかなりませんよ。

スクープじゃないものをスクープ扱いしちゃいけない、という節操がないんですね。左翼である味方が折角、敵の本丸である安倍や中川を批判する記事にしてくれたんだから、悪く言っちゃいかんという左翼根性が露骨に働いているように見えます。ああいう、ジャーナリストのくせに取材の基本を無視して、政治的力関係を尺度に事の軽重を測ろうとする態度はものすごく不快です。醜悪な感じさえする。こんなものスクープって言うのはちょっとなあって思ってる人はいるかもしれないけど、おそらくはっきり言えないんでしょうね。利敵行為になるから。左翼の方のモラルのなさです。事実関係を軽視して、党派性で事の真偽を判断しようとするから左翼は信用を失うんです。

「物覚えの良い中学生」レベルの言説でラディカルと言うな

■――仲正さんは、基本的には『情況』や『アソシエ』など、いわゆる左の、論壇というほどのものでもないですけど、そういう雑誌に与していると客観的には思われているように見えるのですが。

仲正◉率直に言って、ああいう雑誌には、知的モラルがないことを書いてる人が多いですね。「左翼だから左翼らしく書かねばならない」と思うこと自体が間違っています。「権力の誤りを正す」で良いんですよ。左翼である必要はない。左翼であろうとするから、味方に対して甘いというか、味方が何か極端なことを言っても、それを〝平凡な現実〟へと訂正するようなことを言えなくなってしまいます。斎藤貴男みたいに「自民党は、既に総動員体制を準備している」などと言う人間がいても、それを訂正できないでしょう。

■――「総動員体制」っていうのはラディカルじゃないですか。

仲正◉そういうのをラディカルって言ってしまうから、狼少年になるんです。それがだんだんエスカレートしていくと、挙げ句の果てには金子さんの『下流社会』の帯みたいに「ブッシュと小泉の選挙の狙いが奥深いところから見えてくる」とかって、ものすごく底の浅いことを言ってしまうんでしょう。

■――逆に小泉首相なんかそれ読んだら照れちゃうでしょうね。俺そんな深いこと考えてなかったんだけど、って（笑）。

仲正◉下流社会を動員するために私はこんな大芝居を打ったのか、私はそんな希代の策士だったのか、とね。金子さんのような人が杉村太蔵（一九七九－　）を評するとすれば、ものすごくベタなことを言いそうな気がしますね。「太蔵のような者を表に出し、持ち上げることによって、本来ならば反権力に向かうべきフリーターやニートに根拠のない希望を持たせて動員しようとしてる。これこそまさにナチズムや戦前の満州開拓で日本の軍部がやった政策と同じだ」とか。

■――でも、そういう論調は今ありますね。

仲正◉ちょっと物覚えがいい中学生だったらそのくらい言えますよ。教科書に出てるから。知識人が言うことじゃないでしょう。中学生レベルのことを言って知識人として恥ずかしいと思わないのかな。杉村太蔵が当選するってことは、いくら何でも小泉首相にとっても想定外でしょう。フリーターやニートが小泉政権に期待してるっていうのは、はっきりと検証はされていない。わかっているのは、若年層で小泉郵政改革を支持する人が意外と多かったことくらいですし、その若年層っていうのが全部フリーターやニートってこともないはずです。どうしても論証したかったら、選挙直後から渋谷とか秋葉原とか、いかにもそれらしい若者が集まってるところを歩き回って、「あなたはどちらを支持しましたか？」「郵政民営化は良いと思いますか？」って徹底的にかなりの数のアンケート調査をしてみるしかない。イメージで言ってもしょうがない話です。

「承認を求める闘争」なしだと簡単にバカになります

■――直接それとは関係ないかもしれないですけど、インターネットの書き込みなんかどう思いますか？

仲正◉よくないと思います。ネットで論評しただけで、社会派になったつもりでいい気になっている人間が増えすぎている。ネットの一番まずいのは、苦労がいらないっていうことです。昔、批判意見を出すために、ビラなんかを出すんだったら大変だったでしょう。ガリ版も大変だし、オフセットだって、へたにやると紙が機械に巻き込まれて動かなくなったりして、かえって大変でした。最近はボタンさえ押せばすぐに取り込んでくれるリトグラフになったけど。それに、八十年代後半まではワープロがなくて手書きでしたよね。字のうまい人ならいいけど、下手な人間は相当神経を使って書かねばならない。今は、ワープロで打った紙をリトグラフにさっと差し込むだけでよくなっています。

そういう類の原始的な批判メディアに比べて、2ちゃんねるやはてな日記は労力がいらないから、すぐ思いこみを書き込んでしまうんでしょう。基本的に匿名だから、人の評価を気にしないでも書ける。活字にするための努力や、人に認められるための努力をしない。チャールズ・テイラー(一九三一－　)とかアクセル・ホーネット(一九四九－　)のヘーゲル論の言い方を借りると「承認を求める闘争」なしだと簡単にバカになります。本当に推敲なしで書いちゃうから。

■――インターネットで投票するような制度についてはどうですか?

仲正◉楽になると人間あんまり良い方にはいかないでしょう。投票しにくい状況にある人のために例外的に活用するのはいいと思うけど、楽をさせるために、ネットを使うべきではありません。

ネットによって政治的コミュニケーションのネットワークが充実するというのは幻想です。左翼の人たちはちょっと前まで、インターネットの発達によって左翼運動もネットを通じて広がるようになると言っていました。柄谷・浅田は、NAMで「メーリングリストによるリゾーム的広がり」とか言っていたけど、連中はろくなことには使ってない。誰が柄谷に忠誠心が強いかをメーリングリストで確認したり、柄谷から批判された奴をみんなで叩いたり。左翼セクトのメーリングリストなんてそんなことにしか使われないものです。

イラクの人質事件の時には、人質のためにイラクからの撤退を説く左翼・市民運動の影響よりも、2ちゃんねるの匿名書き込みによるバッシングの方が上回りました。あれ以来、左翼はもうネット利用についてユートピア的なことを言わなくなったでしょう。いつの間にか自分たちが「インターネットによって反権力のネットワークができる」って言っていたことを忘れて、「2ちゃんねるがぷちナショナリズムを広げる媒体になっている」という調子で、ネット上のヘート・スピーチを危険視する論調に変っています。節操がない。大衆は表現手段さえあれば、自分たちの〝正しい意見〟に同調してくれるはずだというふうに思っていたけど、その期待が〝裏切られた〟から、「第二次大戦と同じように下流の人間が小泉支持に回ってる。大衆は自分で自分の首を締めている」というふうに言い始めるんです。

■――そういう発想は割と簡単に出てきますね。

仲正◉ナショナリスティックな書き込みをしている奴がフリーター、ニートとか、切り捨てられている社会的弱者だっていうことをどうやって論証できるのでしょうか。ずーっと書き込んでるんだろうから多分暇に違いない、恐らくフリーター、ニートなんだろう、っていう程度のことでしょう。

でも、規律の緩い会社のなかで、勤労モラルがない人間がやってるのかもしれないし、自宅で株の取引をやっている人間とか、大学院生崩れ、売れないジャーナリストかもしれない。匿名の世界だから、どういう層がネットの「なんちゃってナショナリスト」になっているのか実態はわかりません。「不満を持っている人間が自分よりも弱い人間を叩こうとしている」っていうふうに最近の左翼ジャーナリストは言っているけど、確かめようがないでしょう。弱者は必ず自分たちの味方についてくれるはずだという思い込みがあるから、そうならないと、騙されている、マジックだ、ファシズムの前兆だって騒ぐんです。昼に起きるような下流の人間が小泉首相の指導力に期待してわざわざ日曜に起きて投票に行くかなあ。僕には想像しにくいです。アキバ系の若者が三時か四時ごろに集団で投票所に向かっている写真を何枚も見せられたとしたら、少しは信じる気になるかもしれませんが。

「フリーター、ニート」って一括りになっている人たちの内、本当に誰がみても弱者というべきなのは、どのくらいいるか分かりませんよ。贅沢言わないで就職口を探しても本当にないとか、就職したばかりの企業が業績不振になって大量解雇・リストラに遭ったとか、何かの深刻な精神疾患を抱えていて就職できないとかだったら「弱者」扱いでいいと思いますが、芸能人になりたいとかジャーナリストになりたいとか学者になりたいとか、実現しにくい欲望に固執しなかったら、十分に正社員として就職できる可能性のあった人まで弱者扱いすることはありません。自分の働きがいのある職場をどうしても見つけたい人は、文字通り「フリーター」として頑張ればいいわけです。東京六大学出身のフリーターって結構いるはずですけど、東大の大学院を出たフリーターを特に弱者扱いする必要があるとは思えません。文系大学院生なんかがフリーター、ニート化してるのは、大多数自業自得ですよ。選択肢がちゃんとあって意図的に難しい方へ行ったんだったら、いくらなんでも自己責任です。新自由主義が自己責任概念を拡張しているって言うけど、選ぶことのできたはずの人のフリーター化まで政府のせいにしていたらきりがありません。

「政府は正社員数を絞って派遣社員やパート労働者を搾取する企業に利潤を得させる新自由主義政策を推進している」ってもっともらしく言っている左翼の論客が多いけど、政府だって別に意図的にルンペン・プロレタリアートを増やしたいわけがないんです。だって、正社員じゃない人があんまり増えたら、税金や年金・健康保険の財源が減るし、少子化が進んだら大量に移民を労働力として受け入れることを余儀なくされる。保守政権がそんなことを本気で望むわけがないんです。政府が企業の生き残りを優先して当面若年労働者を犠牲にしているとか、長期的ヴィジョンを欠いていて無能だというなら分かりますが、意図的にフリーター、ニートを増やして、潜在的に下流の保守支持層にしようなんて陰謀話はバカですよ。そんなことを言っているから、左翼の政府批判は狼少年に聞こえてしまうんです。ドイツでは確かに失業してる若者がネオナチ化してるっていう話はあるんだけど、それほど無茶苦茶広がってドイツ全体がナチス時代に戻っているという感じではないです。

■——今はネオナチとかそういうのって弱まってるんですか？

仲正◉弱まりゃしないでしょうけれど、そんなに極端に強くはなっていない。失業して生活が大変だったら差別運動ばかりやってる暇もないでしょう。

日本のフリーターのなかには、どんなに景気がよくなっても自己責任とは関係なく、〝ニート〟に近い状態におかれ続ける人が何割かはいると思います。しかし、大学や日本企業に文句ばかり言ってだらだらしている内に適性職種を見つけられずにズルズル来てしまった人間とか、夢を追いすぎてる人間も含めて、「若者はみな本当はまじめだ。政府の犠牲者だ」っていうのは左翼のいい加減なポピュリズムだと思います。

さっきも言いましたけど、正社員のポストが少なくなっているからといって全ての若者が正社員になれないわけではない。たとえ同年齢の一割か二割はどう頑張って夢を下げても正社員になれないということがあったとしても、最後までそうならないように努力する勇気を付けた方がいいのではないでしょうか。左翼の人は「若者たちは正社員になれないことを実はちゃんと分かっている。希望格差を実感しているからやる気になれない。負け組になる運命を押し付けられた犠牲者だ」と言いたがりますが、その〝負け組〟にならない努力をするように言えばいいのではないかと思います。

自分は最初からその〝負け組〟になるんだと決めつけて努力をしない人間を弱者扱いすることはないでしょう。左翼的に「どうせ負け組になる者は階層的に決まっている」式のことを言っていたら、わざわざ〝負け組〟を増やすようなものです。最後まで悪あがきをすることは大切だと思います。「何割かの人は絶対正社員になれません。あなたは人を押しのけてまで正社員になりたいのですか。そういう態度は非人間的ではありませんか」って、まるで「蜘蛛の糸」みたいな話ばかりすることもないでしょう。本当の蜘蛛の糸じゃないんですから、助かりたいと思って切磋琢磨する人が増えれば、糸は太くなりこそすれ、細くなることはないはずです。こういうことを言うと「競争原理を無条件に肯定する右翼だ」とレッテルを貼られて、論壇らしきところでバッシングを受けるけど、左翼学者とかジャーナリストだって他人と競争した結果、相手を押しのけて発言の場を確保しているわけですから、「他人を押しのけること」を全否定するような言い方は欺瞞です。

例えば、歌手になりたいっていうような夢をずっと追い続けていて、才能がないからオーディションに受からないけど、その事実を認めるのがイヤでニート的な状態を続けている若者を見たら、さすがに左翼でもバカだと思うでしょう。野球選手とか相撲取りとかアーティストとかでもそうでしょう。デザイナーとか学者になりたいというなら少し微妙な感じになってきますが、それでもなれないからってずっとくさっていていいというわけでもない。いくつになっても努力し続けるんだったらそれなりに立派だけど、一筋でやるなら社会に対して不満を言うなよ、と思うのが普通でしょう。

何度も繰り返すようですが、僕はとにかく、あまり意味のない「ナマの現場」主義は嫌いです。

すごく一般的なことを言いますが、月に一回デモをやっていればそれで庶民のために闘ってる知識人になるのか、と。どこかのセクトと知り合いになって習慣的にやっていれば、月一回くらいはなんとか参加できるでしょう。ビラ配りを週一回やるっていっても、そんなに大したことじゃない。僕だって学生の頃は左翼と逆の立場でやっていました。本当にまじめな左翼知識人を自負する人であれば、少し実践して左翼のつもりになっている若い人や、のぼせあがっている素人左翼連中に対して「そんなことくらいで、現実を分かったつもりになるな」と叱るくらいでないと。といっても、ご当人たちがちょっとした体験ですぐに目から鱗が落ちたつもりになって、「私は騙されていた」と叫ぶ観念体質なので、人に説教なんかできるハズもありませんが……。

III

トークセッション中止騒ぎの顛末

■——去年（二〇〇五年）の秋、書籍化を前提として仲正さんとメディア社会学者として有名な北田暁大さん（東大情報学環助教授、一九七一‐　）との「ロマン主義」についてのトークセッションが版元になる予定だった双風舎によって企画されたのですが、このセッションは第二回をもって終了、書籍化もされませんでした。どうやら『諸君！』（二〇〇五年十二月号）誌上で仲正さんが参加した、八木秀次さん（一九六二‐　）、小谷野敦さん（一九六二‐　）との鼎談にその理由があったようですね。トークセッション中止と、このことをめぐってネットなどで仲正非難の合唱が起こったことを受けて、仲正さんは、同じく『諸君！』（二〇〇六年二月号）に「北田暁大に告ぐ『諸君！』に出て何が悪い」と題した文章を出されました。このことも更なる議論を呼びました。仲正さん自身はこの一連の騒ぎをどう見ていたのでしょうか。

仲正◉そもそもことの発端は大した話じゃなかったはずです。八木さんや小谷野さんとの鼎談は、特定の政治的テーマについて白黒を付けようとする大論争のようなものではなく、最近の言論界の風潮についてざっくばらんに語った、いわば雑談の延長のようなものでした。私が「雑談なのに何でこんなに騒ぐんだ」っていう趣旨の文章をわざわざ書いて、それを『諸君！』自体が二号後に載せてくれるくらいだから、本当に雑談ですよ。「右」の人と雑談して少々同調的なことを言ったという理由で、非難され、トークセッションの企画の一方的中止を北田君の側から通告されるというのは、本当に信じがたい話です。結局、鼎談の中身ではなくて、顔ぶれを問題にしているんですね。「新しい歴史教科書を作る会」の会長である八木秀次だけの話と言ってもいい。

彼らとの鼎談のタイトルは「この世の嫌われモノをどうする！　タバコ・フェミニスト・監視カメラ・人権擁護法案……」でした。そのなかで八木氏は、上野千鶴子（一九四八－　）や小倉千加子（一九五二－　）を批判しながら教育現場や政策レベルでのフェミニズムの行きすぎについていくつか言及しています。それに関して私は、「上野さんや小倉さんのような、有名でかつ指導的立場にいるはずのフェミニストが、この二つの性を混同して、『ジェンダー』のみならず『セックス』でさえも生物的にではなく、社会が構築してしまうかのような、妙な社会還元主義に陥っています」「頭の悪いフェミニストが言うような『ジェンダーからの解放』を目指すなら、『八木秀次は男性中心主義者だ』といったジェンダー的な決めつけからも自由になるべきです（笑）。『女性中心主義』という非難をすることなどないくせに、いろいろなものに『男性中心主義』というレッテルを安易に貼ってアンチをやればそれでいいんだというのは、『フリー』好きなわりには頑な過ぎます。」というようなことを言っています。

一番わかりやすい箇所をとってもこの程度だから、実際にはそんなに大したことは言ってない。結局、なぜ騒いだのかっていうと、まずはジェンダーフリーの話。『ブレンダと呼ばれた少年』（扶桑社、二〇〇五年）の解説で八木が上野千鶴子を批判していて、小谷野もこの件に関してはシンパシーを感じていると言っていました。『ブレンダと呼ばれた少年』というのは、近年のジェンダー研究の理論的基礎となっていた「性は環境によってつくられる」というジョン・マネー教授（一九二一―二〇〇六）のジェンダー中立説を裏付けていた実例が実は誤りだったことを示した書物で、日本ではなぜかすぐに絶版になっていたのですが、去年扶桑社から復刊されて、少々話題になりました。

その八木の動きを、なぜか知らないけど、北田君はフェミニズムにとっての重大な脅威だと感じていたようです。鼎談中にある「上野千鶴子の『差異の政治学』（岩波書店、二〇〇二年）が酷いのは、〇二年刊行の時点でまだマネーの中立説を無批判に評価し、その二年前に出た『ブレンダと呼ばれた少年』には何の言及もないところです。」という八木氏の発言を北田君は問題にしたがっていました。彼は学生時代に上野さんのゼミに出ていて、フェミニズムについては上野さんの弟子といってもいい。トークセッションでは「何故八木に反論せず、同調しているかのような発言をしているのか」と私を責めたのです。そうやって、右傾化しかかっている仲正を責める、左の正義の戦士である北田君に拍手する五、六十代の活動家らしい下品なおばさんもいたりして、非常に不快でした。ネット上でも、セッションでの北田君の発言に便乗して仲正の反フェミ・反サヨを非難する書き込みが増えました。

仲正◉そこでホントに不思議なのは、彼が「上野さんはマネーの説なんかにはそんなに依拠してない、言いがかりだ」と言っていることです。言いがかりにすぎず、そんなに依拠していないのであれば、それで済ませればいい話でしょう。「関係ないことを言ってるだけだ」と。何でそれで私に対しても道徳的な怒りを感じて、こんな奴とトークは続けられないという態度を取る必要があるのか、そこが理解できない。ただちょっと実物（『差異の政治学』）を見ればわかるんだけど、マネーの話は冒頭の方に出てきて、結構ページを割いています。で、その部分の最後の方に「一部は反証された」と、ちょっと言い訳っぽくつけ加えているんです。だから全面肯定とは言わないまでも、そんな大して評価していない学説を、結構力を入れて書いているはずの自分の本の前の方に置くかな？　っていう気は確かにするんですね。

これをもって「上野千鶴子のジェンダー観の全てだ」っていうふうな言い方をするのはちょっと言い過ぎだけど、上野千鶴子もそういう書き方は確かにしてるんです。でも、それ自体は大した問題ではない、そんなに気にする必要はないじゃないか、と私も思う。だって、それ以降の展開ではマネーの話はあまり関係なくなるし、上野さんはマネーの説に基づいてジェンダーフリー運動の旗振り役になっているわけでもない。北田君たちもそう主張している。彼が「本来問題じゃないと思ってること」に拘って批判している人たちと私がおしゃべりをして、上野さんのあの言い方は変だと言っているだけなのに、それによって仲正がフェミニズムを全否定しているかのように大騒ぎするのはおかしな話でしょう。上野さんの『差異の政治学』にとってマネーの話なんかどうでもいいって言うんだったら、それこそ、「どうでもいいおしゃべりしてますね」で済む話です。それがそういうふうにならなかった原因を僕なりに分析するとこういうことになります。

やはり八木・小谷野と鼎談したことが北田君にとって大きかったんでしょう。これ（『諸君！』〇六年二月号）にも書いたんだけど、北田君の中に「右／左」の境界線がはっきりした論壇勢力地図みたいなものがあって、彼も属する「左のフィールド」の重要なコマとして上野先生や、宮台先生、姜先生もいるんでしょう。私は左のコマかどうか微妙な存在だったんでしょうね。どっちか分からないジョーカーが右のフィールドのコマと付き合っているように見えたから「まずい！　向こうへ行った！」と見たんでしょう。ちなみにちょっと前まで、彼や姜さん、吉見俊哉さん（一九五七－　）が属していた東大内の組織は、社情研、旧新聞研というところで、つまり、メディアにおける政治的関係性のようなものの分析をしているところです。今は情報学環という大きな組織に吸収されて、社情研っていうのは建物の名前になっているようですけど。特に彼自身はメディア社会学者で、メディアと論壇的なものの関係を分析することを本業にしています。それにしては、彼の論壇勢力イメージはかなり杜撰です。

底辺へ行けば行くほど保守が強くなるのは当たり前

仲正◉正確な数値のつもりじゃないと思うけど、トークセッションでの彼の言い方だと、『諸君！』

は『論座』の十倍売れているのだそうです。彼の認識の中ではそれが論壇の中の「右」と「左」の勢力バランスなんでしょう。「『諸君！』が『論座』の十倍」っていう象徴的な言い方は、『論座』『世界』『現代思想』などの左のメディアの読者数を合計したものに比べて、『正論』『諸君！』『WILL』などを集めたら、その十倍になるということでしょうね、おそらく。「論壇」っていうところが、明らかに「右」寄りになっていて、しかもそれが更に大きくなって、中間的なコマもが取り込まれているという認識を持っている。

でも小谷野さんもどこかで言っていたけど、『諸君！』とか『正論』は純粋に思想的・理論的なものではなくて、大衆的な面も持っている中間的雑誌だから、『世界』とか『論座』のようなものよりも売れて当然の面があります。論壇で左翼が強いと言われていた時期だって、知的ヒエラルキーのてっぺん辺りで「左」が、厳密に言うとリベラル左派＝市民派が強かっただけでしょう。自民党政権が長年にわたって続いていたんだから、底辺に行けば行くほど保守が強くなるのは当たり前のことです。最近のカンタン系化傾向のおかげで、教養面での一番てっぺんに当たる部分が、右／左がそろっていなくなって、勝負が下の方に下りてきてるから、中間辺りでの右の優位が目立ってきているだけの話で、〝十倍〟は今始まった現象じゃない。それを今始まった現象であるかの如き捉え方をして、しかも「左」は今攻勢を受けて大変だというような言い方をしている。

「安倍政権はできるだろう、これはしょうがない。そうなると八木が男女共同参画に関するブレーンになって諮問会議みたいなものをリードするようになるだろう」と、トークでまじめな顔をして言っていました。まず不思議なのは、八木が安倍のブレーンだって今言えるか？ っていうことから。安倍晋三（一九五四－ ）本人に聞いてみないとわからないけど、八木は肯定しないんじゃないかと思います。実際には、安倍晋三が男女共同参画とかジェンダーの話とかあんまり詳しくないからこういう「作る会」で目立っている人の話を聞いている程度のことだと思うんですけどね。北田君の認識の中では八木秀次がジェンダー問題に関して安倍晋三を操ってるということになるらしい。その辺からして現状認識としてもうおかしい。これはトークセッションそのものではなくて帰りがけの話だけど、「安倍が八木を登用したら大変だ。今のうちに八木はバカだと思わせる宣伝をしておく必要がある」と、何かものすごく時代遅れな陰謀論みたいなことを言っていました。三十四才（当時）で東大の助教授で、しかも専門としてメディア研究をやっている人間が、「八木秀次が安倍のブレーンになって、一年後には自民党の反ジェンダー政策を取り仕切る」などと言うかな、と。

政治的立場によって議論ができないと言うなら、セクト的な対立にしかならない

仲正◉自民党が「ジェンダー」概念を嫌ってるのはわかり切ってるけど、男女共同参画を全部否定しているわけではありません。北田君もホントはちょっとわかってると思うんだけど、自民党はジェンダーっていう言葉を嫌ってはいても〝平等化〟していくっていうのを全否定してるわけでもないです。彼は、その〝平等〟というのは男女の役割分担を固定化したうえでの〝平等〟だと言うんだ

けど、そんなことを言っているのは、自民党の主流というよりは、かなり復古的な人とか、「父性の復権」の林道義さん（一九三七－　）なんかでしょう。自民党は支持者に保守的な価値観の人を多く抱えているから、あんまり共同参画に乗り気じゃないけど、いくらなんでも、女性議員も結構いるのに「女は家に居ろ」とか言うはずがありません。八木脅威論っていうのは、八木を放っておくと「ジェンダーフリー・バッシング」を魔女狩り的に煽動してこれまでのジェンダー問題に関するフェミニズムの成果を全部無に帰すような政策をやるだろう、というものですが、彼だって、フェミニズムが家庭的価値観を破壊しているのはけしからんとは言っても、女は家で飯炊き、子育てに専念しろとまでは言っていません。たとえ彼が女性差別を提唱したとしても、それを政策として自民党が本当にやるかどうかということとはかなり距離があります。

「ジェンダーという言葉を嫌っている」という問題と、「フェミニストの一部が『ジェンダーフリー』という言葉で主張していることを全部無にする」ということは、まったく話が別です。そこがものすごく短絡してる。フェミニストが「ジェンダーフリー」と言っているものにも、色々なレベルがあるでしょう。フェミニストの中にも、「ジェンダー」という言葉に拘らないで、実質が確保されるなら「男女共同参画」でもいいというような柔軟な立場から、八木たちが問題にしているような過激な性教育をよしとするような立場まで色々あると思う。八木、小谷野の二人、あるいはプラス仲正の三人が、「ジェンダーフリー」のなかで一番杜撰で極端なところだけを取り上げて、それが全部であるかのように誇張していると言うんだったら、北田君が、自民党支持勢力のなかの一番ひどい過激な部分だけを取り上げて「だから全部潰されるんだ」と被害妄想的に叫んでいるのも同じレベルです。しかし、同じレベルだと自覚しないところがまさに二項対立思考です。自分たちは、少数派で反体制だから、論理的に少々無茶なことを言うのも許されると思ってるんでしょうが、北田君や上野さんは東大の教官で、八木も私も田舎大学の教師にすぎません。八木が権力に近かったら、もっと偉くなっていそうなものですが。自分の出世を図ることもできない権力なんて大したものではないでしょう。

北田君のような人たちは、おそらく自民党のなかでいわゆるジェンダーフリー教育に批判的な高市早苗（一九六一－　）とか山谷えり子（一九五〇－　）とかのことを念頭に置いて、あれが自民党の「全て」だと思っている。それで、自民党が一枚岩になって、「ジェンダー・フリー」の理念の下で獲得されてきた成果の全部を潰そうと画策してる、というようなイメージなんでしょう。これって、民青に誘われて入ったばっかりの大学一年生とかがのぼせ上がって考えるようなことだと思いますけどね。「政治的なプロパガンダ」としてそういう言い方をするっていうのはあるかもしれないけど、トークセッションなんかでやることではない。私は別に彼にとっての「敵」の代表として活動しているわけでもないし、そもそもトークセッションってプロパガンダをやるべき場じゃないでしょう。これから理論的な討論をしようというのに、「おまえあれと付き合っているだろ。政治的に取引をもちかけられたんじゃないか」というような前提で相手を責めて相手の立場の政治性を問題にして、そんな政治的立場を取るような奴とは議論できないと言うのなら、まともな話のしようがない。セクト的な対立にしかなりません。そんなにセクトをやりたいなら「2ちゃんねら一自立支援法人セクト北田」とか「東大・北田あかつき部隊」でも設立したらどうかと思います。

「生きた言葉じゃないとイカン!」というイメージにはうんざり

仲正◉なぜこうなったのかということを〝根本的なところ〟まで遡って考えると、二項対立的な発想が抜けていないからだと思います。思想的に言うとそれがまず一番の問題点です。彼も「『生きている/死んでいる』の二項対立に根ざした『生き生き』志向を批判するのは良い」と言っておきながら、あのざまです。自分は「生き生きした現実」の側に立って、右翼の弄する「死んだ文字」に囚われている仲正を批判したいんです。

まあ、「生き生き」批判っていうのも〝仲正読者(?)〟の間でかなり表面的な言葉遊びとして受け取られている感じもあって、言葉が踊ってる雰囲気もあるんですけど、何でもかんでも「生き生き」っていうレッテルを貼っても意味はない。もっと限定して言葉を使わないと。僕が「生き生き」という言葉で一番問題にしているのは、左翼がよく口にしたがる「生きた言葉じゃないとイカン!」というイメージです。自分の生きた体験っていうのを人に押しつけるのが問題だということを言っているんです。ひとりで「生き生き」してる分には別に構わないと思います。数人の左翼の仲間内くらいで他の人に迷惑かけないんだったら。

左翼が悪いのは他人に対して、「生きた言葉じゃないと語るな」っていうふうにやるから。哲学のオタクみたいな人たちが、自分たちにしかわからない話で「生き生き」してるのは本人たち以外は迷惑しないけれど、例えば、サルトル（一九〇五－一九八〇）をやっている人間がいて「『嘔吐』のような経験がないとサルトルは語れない」とか言ったら迷惑でしょう。そういうことを言い出す人間がひとり出てくると話ができなくなります。

二項対立と「生き生き」がどう関係してるのかっていうと、二項対立の真っ只中にいる双方が、「あいつらは『生きた現実』っていうのを知らないでイデオロギー的な議論をしているから、奴とは話しちゃイカン！　ウツル！」という態度を取ってしまうということ。イデオロギー的なレベルの妄想に取りつかれている奴と話をするとそのイデオロギーのなかに巻き込まれる、と妄想してしまうんです。

二項対立的思考はどこから生まれたか

仲正◉『諸君！』（〇六年二月号）で、ネットで北田君をけしかけるためにひどいデマを書いた赤木っていうオタクな奴のことに言及しましたが、赤木のブログでは「八木」のことを「山羊」と書いています。赤木の言い方だと、まるで八木というのは人間ではなくて、悪魔の象徴である黒山羊なんです。悪魔辞典に「バフォメット」という山羊の頭をしてサバト（魔女の夜宴）に出席する悪魔が出てきますが、その悪魔の精子みたいなものを地獄の闇から放出しているみたいな言い方です。悪魔の精子を散種して、それに触れる仲正のようなものを悪の手先にしてしまうんでしょう——デリダに「散種」という用語がありますね。キリスト教の新約聖書で言う、地上に蒔かれるべき「良き麦の種」、福音の逆バージョンです。

ちなみに、悪魔のイメージというのは、大体キリスト教の救世主の逆バージョンになっています。悪魔がいないと救世主が引き立たないから、悪魔がいるんですね。だから、キリスト教自体が二項対立の元凶なんだとよく言われます。思想史的に言うと、キリスト教とプラトン主義が二項対立的思考の元凶だとされている。二項対立の片一方にいる方は、自分たちだけが生き生きした現実、真理を知っていて、向こうはイデオロギー、観念体系、悪魔の考え方に囚われている、と主張するんですね。ああいう善悪二元論と結び付いた二項対立は別にマルクス主義から始まったというより、もっと昔からある考え方です。マルクス主義はその遺物です。

■——プラトン主義と二項対立の関係について少し説明してもらえませんか。

仲正◉よく言われる話は、使徒パウロ（?—六五年?）や教父アウグスティヌス（三五四—四三〇）がキリスト教の教えをプラトン化していって、真実で高いレベルの世界、つまり知の世界を想定し、地上の世界は悪魔によってまだ支配されているという教義を作り上げたというものです。プラトン主義というのは、この地上の世界は物質によって曇っているけど、向こうにイデアによって構成される、理想の世界があるっていう話で、それがキリスト教化されると、そのイデア的な世界、神の王国によって承認されたごく少数の選民、つまりはキリスト教徒がいて、その人たちが地上の悪と必死に闘って、最終的に、つまり「終末」に勝利し、神の王国が現実化するという摂理史観になる。そうした歴史観が、中世の間に教義が複雑になって混乱し、近代に入って権威を失っていたのを、弁証法によって理屈をつけて、神秘主義じゃない歴史の客観的発展法則であるかのように見せたのがヘーゲル(一七七〇―一八三一)で、それでもまだ神秘主義に見えるというので、むしろ物質的な「現実」の方に真理があると言って、二項対立関係を逆転させたのがマルクス主義です。

真の現実があるけれど、ほとんどの人たちはそれを知らないで悪に支配されている、選ばれた使徒たちがそれを教えてあげて、導いてやらねばならないというのは、元々はキリスト教的な二項対立の発想なんです。こういう極端な二項対立って、どうしてもバランスが悪くなって、無理が出てきます。ごく少数の真実を知ってる人以外はだまされているということになってしまうから。少数の人だけ真に「生きていて」、他の人たちは生きているように見えて実は死んでいる。聖書にもそういう台詞がありますね。

北田君はその意味で「生き生き」しています。彼の言い方からすると、おそらく、フェミニスト的な視点を持っていないと、少なくともジェンダーに関する真実は見えないっていうことになるんでしょうね。これはちょっと別件なんだけれど、ある別の人のブログの書き込みで、上野千鶴子のあるところでの講演内容を引用して彼女の言説を批判していいかどうかっていう話がありました。批判のネタにされるからなんだろうけど、上野千鶴子が講演したところの主催者が「講演内容の勝手な引用はしないでほしい」とアナウンスしたそうです。それを敢えて引用して、上野千鶴子に批判的なコメントを自分のブログで開示した人がいて、その人がフェミニストだった。その時に北田君がそのブログに訪ねていって、「いや、上野さんはあなたのようなフェミニストが批判するのは大歓迎だと思いますよ。上野さんは、フェミニストが仲間内で批判しないというような風潮を良しとしていません。問題は……」と書いていたことがありました。「問題は……」って何なんだよ？と。別に「仲正が」って特定したいんじゃないんだろうけど、そのまま引用して批判するならフェミニストだろうと誰だろうと別にいいじゃない？　ねじ曲げてなかったら、八木さんとか小谷野さんみたいな人が上野千鶴子を引用して、「こんなバカなこと言ってる」って批判しても。

どうも、フェミニストはジェンダーに関する真実を見ようとしてるけどこの連中は見てないっていう、そういう前提が頑としてあるようです。だからトークセッション中止騒ぎのようなことが起こるんだと思います。「この人たちは悪魔だから、絶対に嘘ついてるから」って。悪魔祓い系のホラー話のなかでよくある「悪魔の言ってることには耳を傾けちゃいけない。返答すると、悪魔と関係を結んだことになって、心の中に入ってくる条件を与えることになる」というのとよく似ています。

批判や解釈と名誉毀損は話のレベルが全然違う

■――でも、そういう悪魔信仰みたいな二項対立の人を仲正さんが真っ向から批判したら、二項対立の上塗りになってしまうんじゃないですか？

仲正◉悪魔信仰だけなら、こちらも本気にせずにからかい返すという選択肢もあったのだけれど、連中はもう一つ大きな問題として、統一教会の話まで持ち出しちゃったでしょう。僕が元統一教会信者だから「右に戻りやすい」と憶測するのは勝手ですが、赤木のブログなどで書きこんでいたバカのように、まるで偽装脱会信者で、左翼を撹乱するために潜入しているかのように言われたら、さすがに放っておけない。これは否定しておかないと事実だっていうふうに広まりかねない話です。批判や解釈ではなくて、名誉毀損の範疇に属することです。

そもそもあの程度の鼎談くらいで「右」だと決め付けることだとか、八木とか小谷野とかっていうのを悪の絶対基準にして、それといかに近いか遠いかで、右／左、善／悪を測ろうとするような、そういう発想自体ものすごくナンセンスですが、これはその範疇を遥かに越えた、ひどく卑劣な行為です。人の思想を「右」だっていうふうに言うことと、どこかの団体に入っているということと、特に、日本ではかなり敷居の高い宗教団体の隠れ信者であるか否かというのは話のレベルが全然違う。評価の話ではなくて、事実関係がかなりはっきりしていることです。ブログで右の話と統一教会偽装脱会疑惑を渾然一体として広めていた蛆虫のような2ちゃんねらーどもは、それを理解できないぐらい知能が低い。

今更、統一教会や勝共連合を擁護するつもりはないけれど、自民党のタカ派議員が勝共連合の会員になっていたり、賛同したりしていたらそれで即統一教会の信者だっていうことになるかって、冷静に考えれば分かることでしょう。統一教会は純粋に信者団体だけど、勝共連合は統一教会員が実務を担当していることが多いものの、共産主義の超克を掲げる政治団体で、信者ではない反共の人もたくさん入っています。右翼の天皇主義者に近い人たち、男系か女系かなどとしつこく論争しているような人たちが、反共・反サヨクだけを共通項にして、韓国人がメシアであるとする統一教会の信者にどうしてなるのか、そういうことがわからない人間が左翼に多すぎて困ります。

でも、これは左翼が昔からやっていたことだとも言えます。左翼がよく大学のビラなんかで陰謀話をやって、いろんな右系の団体の系統的相関図を作っていましたね。どこかに、全ての右の陰謀を取り仕切る司令塔がある。それが統一教会の文教祖だというんです。左翼をやっていた人間も、そういう大げさな陰謀話はみんなバカげていたということは、いい年になってわかることが多いようだけど、わかってないのも多い。北田君は別に左翼をやっていたわけじゃないけど、発想がまるで民青同盟とか革マルに入ってのぼせあがって世界を陰謀論で理解したつもりになっている大学一年生みたいです。

あの手の陰謀論の人たちの認識では、「右」には「右」っていう統一宗教でもあるかのように全部いっしょくたになってしまう。宗教的な背景で「右」になってる人なら、その宗教の部分で違っている者同士、例えば、統一教会と生長の家、神社本庁、カトリックなどでは目指しているところが全然違うはずでしょう。そういうのがたまたま「反ジェンダーフリー」というキーワードで一致していたからって、同じ穴の狢《むじな》で一つにくっついてるようなイメージを持つというのはおかしい話です。ああいう幼稚な左翼ビラの相関図みたいなものを書く奴とか、それを信じるような奴に人を批判する資格はありません。批判しようとしてる相手を知ろうとしてないでしょう。悪いって決めたら、「悪」は全部一色だから。

「敵」は一枚岩、味方は多様

仲正◉この手の人の面白いのは、味方の方は必ず多様性があると思っているところです。左翼には、自分たちには多様性があるという思い込みがある。多様性があるって言っても、左翼じゃない人から見たらみんなマルクス・レーニン主義で同じじゃないかと思うんだけど、自分たちはこれだけ内ゲバをやって、しょっちゅう左翼同士で路線闘争をやっているから多様性があるじゃないか、と思っている。それだったら〝相手〟の方も、同じようになっているのではないかという視点が無いのはヘンです。「右」を批判することにそんなに意義があると思ってるんだったら、こういうタイプの「右」があるけど、それとは全然違うタイプのこういう「右」があって……っていうことをきちんと把握しておくべきです。常識的に考えておかしくないですか？　「右」の方が十倍もいるんだったらそっちの方が多様じゃない（笑）。

十倍もいるって言いながら向こうは単色だっていうのはつじつまが合いません。いまだにそうなんだけど、自民党は全部いっしょくたで、極右で新自由主義だみたいにとにかく言いたがるんですね。

自民党の中にいろんなのがいるっていうことをまず認識しないと。自民党のなかにも旧宮沢派みたいなのもいれば、中川一郎（一九二五―一九八三）みたいなのもいるとね。そういうことがわからないから単純な謀略説になるわけです。それで、自分たちから見て一番悪いところが「敵」の「本体」だっていうことにする。

だから自民党を批判するときに「宮沢派みたいな人は表看板だ」「ほんとはもっと悪い、本当に右の奴がいる。福田派が全部牛耳っているが、しかも福田派のなかの別働隊にみえるのが実は一番悪いんだ」「中川一郎とか石原慎太郎みたいなのが一番悪くて、実はあれが親分で、表面に出てくる一見穏健そうなのを全部背後で動かしているんだ」とか言っていました。そんなに雑な把握でちゃんと批判できるはずがないでしょう。いつも自民党のなかの自分たちからみて一番「右」にみえるところばかり叩こうとするから、言ってることがいつも同じになってしまうんです。「極右で弱者切り捨てだ」と。敵が一色に見えたらもうプロパガンダしかできない。議論はできませんよね。だから八木に話が通じないって言う以前に、あの連中の方がよっぽど話ができない。敵として誰かを認定したら、その敵の言うことを認める奴と話はできないっていうふうになってしまうから。

「仲正さんは八木さんに同調してないと本当のところ思いますけれど、どうして批判しなかったんですか。八木のようにとんでもないのと鼎談しておいて批判しなかったら疑われます」と北田君は言っていました。左翼の人は「右」と出会ったら絶対に批判しないといけないと思っているようだけど、そこにヘンな前提が入っている。八木の言ってること全てに反対しなきゃいかんって、そんなバカなことはないはずです。多くの左翼は、西尾幹二（一九三五― ）の言ってることは全部嘘のはずだ、と前提して、西尾幹二の言ってることの反対が真実だ、と考えることになっています。マイナスかけるマイナスがプラスになる。実は「敵」の方が基準になっているんです。弁証法だからね。否定すべき絶対敵を決めないと自分たちの論理を展開できないんです。だから、たとえば、作る会の元会長だった西尾幹二が「ドイツは自分の起こした戦争の被害者に対して国家間賠償はやっていない」と言っているとすれば、それを全否定して「ドイツは国家間賠償を日本以上にやってるんだ」と言えばいいんだな、と自動的に考えたりするんでしょう。実際には、ドイツは個人補償中心で、国家間賠償という名目での〝償い〟はやっていません。そう言っている西尾氏の意図はヘンだとしても、事実は事実です。全部否定すればいいというわけではありません。

今回の場合、八木が「ジョン・マネーの議論に上野千鶴子が依拠してる」と言うから、北田君は「上野千鶴子はマネーに全然依拠していないし評価してもいない」と言えばいい、ということになります。サヨクな人間の反応の仕方のパターンって大体そういう感じでしょう。だから、自民党が郵政民営化を言っているとすると、「自民党が言ってるんだから弱者切り捨てになるはずだ、だから郵政民営化に反対すれば弱者を守ることになるんだ」と。それが必ず先に来るような判断をする。その方が楽なんでしょう。頭使わなくていいから。自民党が言ってることを聞いてから、その反対を言えばいいっていう態度をいつも取っていた社会党が「何でも反対の野党」と言われていたのと同じ話です。反対するって決めたら、よくわからない政策をやってもとにかくその行き着く先には必ず軍国主義とか弱者切り捨てがある、という論調で攻める。それで大抵のことは弁証法的に決まります。想像力がものすごく貧困なんです。ジェンダーフリーに反対してるこの男（八木）は人間の悪の精子の供給源だから、これを絶対倒さないといけない。だから上野がジョン・マネーに依拠してるっていう話は全部嘘だっていうことになるんですね。

「呪」のかかった言葉は口にしてはならない

仲正◉北田君は「闘ってる」つもりなんでしょう。セクトがやり合っていると思えばまだわかるんですけどね。でもセクト間抗争とか、右・左の闘いでは、下手なことを言うと叩かれるから慎重になる。セクト北田は、闘っているわりには軽すぎます。この点に関しては2ちゃんねらーが結構センスのいいスレタイ（スレッドタイトル）をつけてるんです。「北田先生展開中！【不正許さぬ】」って。内戦をやっているわけでも、セクト抗争で命のやり取りをしているわけでもないんだから「闘う」っていうのはありえない。彼が闘ってるつもりになってること自体が滑稽ですよ。セクトで集団合宿生活みたいなことをして外の世界と隔絶している人間、オウムとか統一教会に近いような生き方をしている人間が「闘ってる」って言うならまだわからないでもないけれど。

とにかく、『諸君！』（〇六年二月号）にも書いたように、「ジェンダーフリーを言葉通りにホントに徹底していって、セックスレスのような状態になることはないのか。そうならないって言うならどういう理屈でそうならないって言うのかちゃんと説明してくれ」というようなことを言うと、すぐに敵の回し者扱いされるのはかないません。「お前、石原慎太郎の味方するつもりか？」「石原慎太郎がそう言って潰そうとしてるじゃないか」「そんなことなんでこんなところで言うんだ？」と、そういうふうに持っていってしまう。フェミニスト関係が多い学会とかシンポジウムとかだと必ずそういうことを言ってくる人がいます。たとえ疑問を出しただけでも、それが公的な形で表明されると、この世界の公共圏自体が男性中心主義的に構築されているから、そういう言葉が男性中心主義的な権力者に利用されてしまう、というような理屈をつける。

そういう風な批判を受けたくなかったら、石原慎太郎（一九三二―　）だとか八木秀次だとか、右翼だと言われてる人の言ったセリフを全部暗記しておいて、これは陰陽師で言うところの「呪」のかかった言葉だから口にしてはいけない、という態度で扱わなければなりません。ちょうど、一番最近映画になったハリー・ポッター（『ハリー・ポッターと炎のゴブレット』静山社、二〇〇二年）にもありましたね、禁止されてる呪文を言っちゃいけないから、まず「言っちゃいけない呪文」を授業で覚えさせておく、という話が。ああいう類の発想なんですね。石原慎太郎はこう言う、八木はこう言う、林はこう言う、西部はこう言う、小林はこう言う、ということを徹底的に教えて、悪魔の台詞を口真似しないようにする。

で、議論をしていて、何か少し変った方向から疑問を出すと、「ああ、その話を出すと、林道義の方に行ってしまう……」と言って、そっちの方向での思考の可能性はカットしちゃう。で、一旦カットすると疑問に思ってても、もう二度と言えなくなります。言おうとすると、「あなたはこんな危険な奴が言い出したどうでもいい問題に焦点を当てようとしている。それによって、悪に対する追及が曖昧になり、問題の本質からずらされる。そのことを何とも思わないのか」と。「本質はそういうところにあるのではなくて……」「今問題にすべきは……」というふうに強引に〝味方〟に有利な設定に戻そうとするんです。

だからフェミニスト同士だと、仲間が〝男性中心主義者〟なる者に対して根拠の薄いバカな批判をしているなと思ってもなかなか指摘できません。下手に言うと敵に同調しているのではないか、そこまではいかなくても、十分にラディカルではないのではないかと疑われてしまう。だから気がついても「小さいことだ」と自分に言い聞かせて黙ってしまうんですね。自分の方がもっとラディカルに男たちと闘ってるんだっていう議論を展開できる時は言うこともあります。「そういうような責め方をしたら、かえって問題の本質からズレてしまって、男性中心主義の罠にまんまとはまってしまう。そういう視点からではなくて、むしろ……」と威勢良く言えればいいんだけど、そういうのを思いつかなかったら疑問に思っていても、「これ言ったら石原慎太郎に同調してるとか言われるからやめとこ」と、自動的にそっちの方の回路が閉ざされてしまう。多分本人たちもそんなに自覚してないと思うけど、活動家として名の知られてるフェミニストになるような人たちっていうのは、若い頃からそんなのばっかりやってきてる人たちです。左翼のセクトがラディカルさを疑われないように牽制しあっているような関係ですね。「『男性らしさ』に対抗する『女性らしさ』を追求する」とか言ったら、「いやそういう主張は、戦前に平塚らいてふが母性中心主義に陥ったことに象徴されるように……」と反応するとかね。どういうタイプのフェミズム言説が、絶対に男たちに利用されることのない、ラディカルに女性的な武器なのかを競うわけです。そういう応酬のパターンは大体決まっています。

ジェンダーは〝自然の性〟に基づいていると聞こえるような語り方をすると右翼に持って行かれる、右翼とはジェンダーが自然な性に基づいてるような語り方をして同性愛を抑圧するものである、というような大前提があるから、「男女でわけるべき時もあるだろう」って言ったら「それはジェンダーを自然なセックスに還元する発想だ」と必ず言われてしまう。ある意味、芝居の相の手のようになっています。だから、敢えてフェミニズムの常識に反することを言おうとすると、文句のつかないようなものすごく微妙で複雑な、批判を受けないような言い回しにしないといけないんです。

「言葉には還元できないような、ある意味形而上学的な抽象性を帯びた意味の余剰が……」

■――例えば、フェミニストとして知られている人が革命的なプロセスの中で「恋愛」関係に陥ったらまずいんですか？　そういうことをうっかり言って、というか、「〝革命的な男〟に惚れた結果として女も革命的になるような場合もあると思うのですが」というようなことを聞いてみたら、男と女の関係をあなたはすべてセックスに還元しようとしている云々とフェミニストの先生からきつく叱られたことがあるのですが。

仲正◉素朴に言っちゃいけないんです。多分フェミニスト同士で言うときの言い回しがあるんでしょう。例えば、男女間の「愛情」って言わないで「新しいジェンダー関係を構築するような営みのなかから、同志愛とか連帯とかいうような言葉には還元できないような、ある意味形而上学的な抽象性を帯びた意味の余剰が生じてきた……」とかいうような感じで。「既成のジェンダー的な秩序を破るような関係性における葛藤のようなもの、複雑なものがあって、それを厳密に分析しないといけない……」というような断り文句をいちいち挿入して、自分が慎重で狡猾、かつラディカルなフェミニストであると強調することがそうしたフェミニスト・トークでは不可欠です。女性が男性に対して従属しているかのような単純な言い方、例えば「惚れた」というような表現を敢えて使う異端のフェミニストがいたとすれば、「ジェンダーをめぐる複雑なポリティクスの中の男女関係の意味をめぐる重要な闘いが矮小化されてしまって、従来のステレオタイプに還元されてしまう……」というような持って回ったコメントを必ずつける。

表現にあんまりこだわらない人が、「実際にはそういうふうな複雑なことかもしれないけど、私は単純に自分にとって分かりやすい言い方をしただけ、表現だけの問題だから良いじゃないか」って言うと、「言葉にこそまさに表象のポリティクスがあって、そのような単純化された表現を使用することによって女性の性がひとつのステレオタイプに還元されるんだ」ということを必ず言います。その言い方も大体決まってるんです。

■——言葉に拘るんですね。

仲正◉そういうことを言っている人は必ずしも糾弾しているつもりではなくて、「そういう日常語のなかにイデオロギー性があるので、私はちょっとそれに対して注意深くなってるんだ」と言っているつもりなんでしょうね。でも、言われる方にしてみれば、特に、言われる方がフェミニストでない場合は、「あなたは自覚していないかもしれないけれど、その言い方には問題があります。その言葉の歴史的問題性をご存知ないのですか！」って〝いきなり〟言われたら、小学校の嫌な女教師とかPTAのおばさんにヒステリックに絡まれているようだ、と思いますよ。ちょっとした言葉のなかに、こういうのが入っていることもありますよ、という感じで別に男性中心主義者でも、差別主義者でもない相手がショックを受けないように、やんわりと知らせるような言い方もあると思うんだけど、いきなり「言ったじゃないか！ その重みを自覚しているのか」と糾弾されたら、気の弱い人なら、撤回して平身低頭するか、開き直って「何が悪いんだ」と言い張るかのどちらかしかなくなります。そういうまさに二項対立的な迫られ方をしたら、もうそこから議論は進まなくなるでしょう。

「そういう表現にどういう問題があるのか、ここで冷静に話してみよう」と冷静に語る人もいます。ただ、言説におけるポリティクスを問題にするような人間は、自分では冷静なつもりでも大抵構えていて、相手の話の他の部分は無視して、自分が問題にしようとしているところだけクローズアップしようとしているので、声高になりがちです。北田君はまさにそうで、上野の生き霊でも憑いてるのかっていう（笑）。「冷静な話し合いをしましょう」って言うんだけど、最初から声が強ばってて、けんか腰で話を始めるから。相手が冷静に話をしようっていう気になれないような言い方をする。もしそうでないなら、これも『諸君！』（〇六年二月号）に書いたけど、『諸君！』（〇五年十二月号）の鼎談のなかで八木が述べているのではない、別の場所での過激発言をわざわざ読み上げて「こんな奴を批判しないの？　どういうセンスなの？」って2ちゃんねらー的な迫り方したり、私が説明している途中に「いやそれは、保守派がジェンダー・フリーを骨抜きにするために……」とかちゃちゃを入れて、拍手おばさんを誘導するような真似をすることはないでしょう。

言葉のイデオロギー性を人格に全部被せてしまうのは問題

仲正◉日常的に社会的に広まってるような言い方を何となく使っていると、その言葉にイデオロギーがくっついてるかもしれない可能性は確かにあります。しかし、そう言っている本人にはイデオロギーがくっついているとは限りません。差別語問題なんかでよくありますが、たとえば「ホモ」という言葉を使う人間は同性愛の男の方を差別してるのかというと、必ずしもそうでもない。イデオロギー性を帯びている言葉、普通の言葉を使う人間は、そのイデオロギーを思想として体現しているとよく言われるけれども、本当にそうなのかどうかは確認できません。人間はあらゆることにセンシティヴにはなれないんだから、単なる不注意かもしれない。不注意だったらそうやんわりさとせばいい話です。世間に出まわっているという理由で無自覚的に言葉を使ってしまうということは、思想的な確信を持って言うということとは異なります。そこを短絡しちゃうから話がおかしくなるんです。変なイメージがまとわりついてる言葉があるって言うんだけど、そのイデオロギーが結晶化したような思想をその言葉を使った人間が丸ごと持ってるっていうことは必ずしも言えないし、むしろ明確な思想を持ってないから使ってる場合の方が多いわけです。「不適切なニュアンスを帯びている言葉は使わない方がいいんじゃないか」っていうことぐらいは言ってもいいと思うんだけど、「あなたはこういう言葉を使った、それはイデオロギー性があるからだ！」といきなり言ってきて、相手の人格に全部被せてしまうのは問題です。

更に進んで、単語や言いまわしだけじゃなく、議論を進めて行く順序に関してもポリティカリーコレクトなパターンになるように配慮しないといけない、と思っている人さえいそうです。そんなことをやっていたら自由な議論はできなくなって、オーウェル（一九〇三—一九五〇）の『一九八四年』（一九四九年）の人工言語「ニュースピーク」*のようになってしまいます。言説を問題にすると言いながら、実際には言説を問題にしてるんじゃなくて言葉を使っている人間の人格を問題にしようとするからダメなんです。言葉の背後に必ず差別する人格の実体があるっていうふうに思いこむことを廣松哲学用語だと「物象化」って言うんだけど、そういう実体がはっきり見つかることは滅多にないでしょう。

昔はマルクス主義系の左翼が言っちゃいけないブルジョワ的な言い回しの禁止リストを作ってい

「ニュースピーク」◎小説『1984年』に登場する、英語を簡素化した新語法。全ての言葉は意図的に政治的・思想的な意味を表現できないものとされ、この言語が普及した暁には、反政府的な思想を書き表す方法はなくなるということになる。

ました。その人たちは歳を取って段々ぼけてきてるから禁止用語を忘れてきてるけど（笑）、フェミニストはまだそういう意味での禁止語彙集みたいなものを作り続けています。「これを言うと○○の磁場に取り込まれる」とか言いながらね。これに触ったらこの糸はあっちに繋がってて必ず引っ張って行かれる、とか。いや、糸じゃ済まないか。やっぱり散種によって広がっていくリゾーム的なイメージでしょうね。複合的に汚染されていくという感じ。北田君の「仲正さんは本当は左翼だと思いますけど」っていうのは、まだそんなに「右」の胞子に汚染されてないという意味合いがあるように聞こえました。八木汚染度はまだそれほど進んでいないと思いますが、少し菌がついていて危ないですよ……ということかなと思います。

当面の敵を倒すためなら別種の差別を使ってもいいのか

■――北田さんは本格的な左翼ではないと思いますが、彼の考え方のどこが問題なのでしょうか。

仲正◉北田君が一番問題なのは、「右」に見られちゃまずいっていうのを気にしすぎているところです。私は、「右」「左」のことは言ってるけど、自分がどっちに見られてもいいと思っています。事実関係のレベルでの歪曲は許せないけれど。彼の場合は自分が「右」だと思われるのがまずいっていうのがあるんでしょう。ともかく、端くれでもいいから左翼だと思われてなきゃいかん、と。自己認識の話じゃないようです。そうじゃないふうに自分が周りから認識されると、自分の言論の立場もいろいろとまずくなるから。だから自分が「右」だと思われそうな磁場に巻き込まれつつあったら、左翼的なことを言って「やっぱり私は左翼なんです」ってやらないといけない。それは不毛だと思います。左翼証明のために、フェミニスト証明のために、わざわざラディカルそうに語るっていうのが。

そういうときに一番やりやすいのが「こいつは右翼だ」「こいつはアンチ・フェミニストだ」「男性中心主義者だ」と、「敵」を名指しして生き生きと批判することです。「これを見つけてやったんだ、フェミニズムに貢献したじゃないか」と、そういうのが一番アピールしやすい。逆に、ちゃんとした理論で貢献しようと思うと難しいから、頭がとんがってる人たちは大体、男性中心主義がどれだけ悪いか、そのひどさをあげつらって罵ることによって自分のフェミニスト度を示そうとします。昔、中核と反帝（社青同解放派）が鉄パイプでラディカル競争をしていたのと同じような感じで、いかに男性中心主義を罵るかっていう手柄合戦みたいになっている。「実は隠れてたこんな奴を私は見つけてきたんだ」と、男性中心主義者バスターみたいなやつをやろうとしてね。

■――金沢にも一匹いたよとか（笑）。

仲正◉そういう調子だから、ホントはどうでもいいような人間を捕まえてきて、「いや、これは実は凄いんだ」って。それで、赤木の奴なんか、フェミニスト業界にも認められようとして、統一教会騒ぎを起こそうとしたんでしょう。

■――ネットには便乗する人間が出てきやすいですね。

仲正◉この件での、ネットの書き込みのなかで一番ひどいと思ったのは、ｔｎという人物による「日本は元々性に対して寛容だった。同性愛も特別視されていなかった。統一教会のせいで厳格な性道徳が持ち込まれた。日本の右翼がだらしないから、韓国人に洗脳されて、貞操などというようなことを言い出した」という書き込みです。これはまるで嫌韓流のナショナリズムですよ。私でも八木でもいいけれど、反ジェンダーフリーの連中はみな「韓国生まれの統一教会」と繋がってるっていうイメージを広げることこそおかしいでしょう。ポストコロニアリズムとフェミニズムが交差する領域をやっている人なら、韓国の宗教に洗脳されてるからこいつらおかしいんだっていうイメージで攻めるっていうのは最も危険だ、と言うべきです。当面の敵を倒すためだったら別種の差別は使ってもいいのかという話になります。そもそも統一教会のことは置いておくとしても、「日本は元々性的に寛容だった」なんていうことを、少なくとも自分はナショナル・フェミニストじゃなくてリベラルなフェミニストだとかラディカル・フェミニストだと思ってる人間が利用しちゃいけない。日本は性道徳において自由だった、というようなナショナリズムに依拠してフェミニズムを発展させちゃいかんっていうことをまず言わなきゃいけないのに、〝敵〟に対する批判だと思ったらわりとそういうのも平気で受け入れちゃう。ｔｎのバカが平気で右翼をやっているのは、フェミ業界からクレームが来ないからでしょうね。

非常にまずいのは、そういうヘンなことを言う反・反ジェンダーフリーが出てきた時に、フェミニストのなかで「ちょっと待て、それは別の差別を利用してるじゃないか。そんな民族差別を利用して反ジェンダーフリーの連中を攻撃するっていうのは一番良くないことじゃないか。それこそフェミニストとして一番嫌悪すべきことだ」ということをちゃんと言う人が名の知られている大物にいないということです。

八木秀次が統一教会と関係があるって言われたのは、結局、マネーを批判したタッカーにインタビューした記事が『世界日報』にあって、それを材料にして八木がマネー批判を宣伝していると、それだけです。ちょっと説明しておくと、『世界日報』というのは統一教会が主として資金を出して設立した新聞社が発行している新聞で、記者の多くは統一教会の信者です。僕も二年ほど勤めていました。ただし論説委員などには、反共・保守ではあるけれども、教会の信者ではない人もいます。勝共連合とその面では似ていますが、個別の特集記事の編集では教会本部や勝共連合と明らかに違う見解を示すこともあるので、『世界日報』の記事だからといって、日本統一教会、あるいは文教祖の意向を受けているとは限りません。そこに留意しておく必要があります。

左翼ジャーナリズム業界の知人から、「八木の『国民の思想』（産経新聞ニュースサービス、二〇〇五年）は実は『世界日報』の記者が書いたんですよ」などという噂を聞いたことがありますが、ホントのところはわかりません。はっきり関係があると言えるのは、せいぜいマネー批判だけでしょう。具体的根拠はそれ以上ないはずです。勝共連合の会員であるかどうかに関しては証拠は全然ないと思います。繋がりっていっても、保守的な会合なんかに出ていって何か話をしている、そこに勝共連合の人間もいた、安倍もいた、という程度ではないでしょうか。図を描くほどのことでもないんです。ものすごく薄い点線みたいなやつで、「知り合い」とか「講演に行ったことがある」とか、それ以上の情報は左翼連中も多分持ってないと思います。

左翼連中は大雑把に何でもかんでも「勝共連合＝統一教会」って言う傾向がありますが、それは実際には自民党のタカ派などで勝共連合の会員名簿にも名前を連ねてる人がいるのを、その後援会組織なども含めて勝共連合と呼んでいるにすぎません。選挙で応援してほしいから名義的に会員になってるような議員もいるし、そういうような議員の会合のようなところに呼んでほしいから自分も名義上そういうところに入ってるだけの学者や評論家もいるわけです。そういう程度の利益絡みの緩い繋がりを組織的・思想的に協同行動してるっていうふうに考えてしまうと事実とズレてしまう。

狂人の真似とて大路を走らば、即ち狂人なり

仲正◉これは「右」でもよくやることだと思うんだけど、例えば社民党系の集会に中核派とか朝鮮総連の活動家がいたってことになると、社民党じゃなくて朝鮮総連が全部牛耳ってるとか、中核派が全部牛耳ってるとかっていう言い方をしたがる。それと同じことです。それをやられると怒って、「おまえら無知だ、左翼の中の区別を全然分かっていない、勉強しろ」と言うくせに、自分たちはわりと平気で同じ事をやってしまうんですね。その体質はなかなか改まらない。自分たちは、同じ

穴の恪呼ばわりされるとすぐに、「何もわかっていない。こんな無知蒙昧な奴等が論壇にいていいのか」とか細かくぎゃーぎゃー騒ぐくせに、自分たちは相手に対してそれと同程度以下の粗い認識でものすごく妄想を膨らませる。

■──今回の北田さんもそうだと。

仲正◉彼を全否定しているわけではないですよ。北田君は、左翼陣営が段々カンタン系化・動物化して何か刺激的なパフォーマンスをやって目立とうとしているということはきちんと指摘していると思います。それを追求していけば、彼が『嗤う日本の「ナショナリズム」』（NHKブックス、二〇〇五年）で言っているような、2ちゃんねる上の「マツリ」になるのは当たり前でしょう。でも、彼の態度が変なのは、そういうことを言っておきながら自分も先祖返りしちゃってることです。

今回の振る舞いを見ていると、昔の左翼のように右翼糾弾的な振る舞いをすることによって2ちゃんねるに行っているような人間を自分たちの方に戻そうという、年寄りの左翼みたいな発想を彼がしているように思えます。「人間はラディカルさを求めている」と言うんです。だから、自分のような〝指導的立場〟にある知識人が〝ラディカルさ〟を示せば、少しはこっちへ戻ってきてくれるだろう、それで論壇のバランスが少しは元に戻るんじゃないか、っていうような発想をしている。ちょっとバカに見えることでもいいから〝ラディカルさ〟を示して人を集めておかないといけないと思っているふしがあります。私はそれは単なる先祖返りで、お前も周りの奴もバカになるだけだからやめておけ、と言いたい。やるのは勝手だけど、そんなことに人を利用するな！　と。

北田君が昔の左翼の縮小再生産になるのは当然です。「そういう二項対立図式、究極の悪みたいなものを作ってとにかく叩くっていうやり方はまずい」って言いながら、そういうのにひっかかる人間でもいいからとにかく論壇のバランスを取るために集めてこようとしているんだから。「悪い」と言ってることを自分でもやってしまう。でも、これまでの左翼の歴史からすると、そういうことをやってるとやっぱり自分もバカな左翼になります。そんな人はいくらでもいるでしょう。「私はこんなことバカだとわかっているんだけど、世の中バカな人がいるからこういうことを言ってやらないといけないいんだ」って言っているうちに、自分自身がバカになる。そういうのをやっていると段々戻れなくなります。『徒然草』（一三三〇年頃）にも「狂人の真似とて大路を走らば、即ち狂人なり」（第八十五段）とありますね。

北田君は、自分が「右」の媒体に出ることをいちいち批判する検閲者みたいな人間だと思われちゃ困るようで、もう一回トークをやり直そうと言っていますが、私はいずれにしても『論座』の十倍売れている『諸君！』とか「八木を批判しないのはまずい」というようなものの言い方自体がまずいという見解を曲げるつもりはありません。八木とか統一教会を絶対に克服すべき「悪」の基準にして、それとの距離で個々の人物を評価するような発想がおかしいと思わなかったら、仲正を八木との比較から外しても、別の人間に対して同じようなことをやってしまうと思います。ああいうものの考え方はそう簡単に変わるもんじゃないですから。別に「仲正は、八木と違う」ってそんなことを言ってもらっても仕方がない。「絶対悪」を想定して、それとの比較で人の右／左を判定するような発想自体が傲慢ですよ。八木を作る会の会長というだけで、悪の基準にする発想自体がおかしい。

「量から質へ」はなかなか転換しないものである

■——悪の大本がいるわけですね。

仲正◉大昔から左翼の間には、アメリカを批判する際に、CIAが全部牛耳っているというような言い方をしたがる傾向がありましたよね。たとえば「CIAとFBIが反目してるっていうのは向こうの宣伝だ。そういう宣伝をすることによって、『自分たちは民主主義国家の諜報機関だから、一枚岩じゃない』っていうアピールをしているのに、君はのせられてるんだ」と言う。国家安全保障局とFBIとCIAとペンタゴンは全てグルになっていて、大陰謀を企てていて、その全体の中で一番牛耳ってるのは○○の組織だなどと言って例の系統図を描く。必ず一番悪の親玉がいて、そこから全ての線が伸びているわけです。その司令塔が権力に都合のいいように全てを演出しているという前提で、アメリカ絡みのあらゆる事件を強引に解釈しようとする。「チェイニーとラムズフェルドがCIAの内部対立の話を演出しているけれども、あれは多分フェイクだ」とか「CIAに実際の実力者がいて、それは多分チェイニーとラムズフェルドをも操作してるに違いない」っていう感じで、まるで連載アニメのストーリーのように〝もっとすごい敵〟が潜んでいるという話に強引にもっていく。必ずどこかにミスターXがいる。そうすると、何でもありになります。

そういう場合に諜報機関が必ず出てくるんですね。諜報機関は防諜システムも持っているはずだから、諜報機関が関与している証拠が出てこなくても、「それはうまく情報を隠しているせいだ」と言えて便利です。だから昔の統一教会批判で公安とＫＣＩＡ（韓国中央情報局）がよく登場していたでしょう。公安だったら尻尾が見えてもおかしくない。でも、その更に背後に世界的な諜報活動を行っているＫＣＩＡが控えているから、自分たち左翼に細かい情報がないのは当たり前なんだ、と平然と言ってのける。それがエスカレートしていって、ＫＣＩＡが尖兵である統一教会を作って自民党タカ派を操り、日本を間接支配してるっていうような話にしてしまうんです。

最近のメディア論が安っぽい陰謀説っぽくなってるのは、世界のほとんどの事件をＣＩＡが起こしてたっていう言い方に段々リアリティがなくなって、オールタナティヴの陰謀ネタを探しているからだと思います。今はＣＮＮがやってるとか、ＣＢＳとかＦＯＸだとか、ルパート・マードック（一九三一―　）が何か画策してるとかが流行っています。だからホリエモンが宇宙開発に乗りだすのは危ないって一時言われてた（笑）。あれによって宇宙空間からメディアを牛耳られたら日本の公共圏が最終的に窒息させられてしまうとかね。

情報を「悪」の方が完全に掌握してしまっているからっていう言い方をすると、正しい主張をしている自分たちの支持が何故か広がらないっていうこともうまく説明できます。マルクス主義が「自分たちの運動が広がらないのは、大衆がイデオロギーに洗脳されているからだ」って言い始めたのが最初でしょう。ただ、「イデオロギー」だとちょっと抽象的で物足りないから、アメリカがCIAみたいなのを作ってくれたのに便乗して、「あれが多分全部やってるんだろう」という大陰謀話にしてしまう。それがうまく行かなくなると、どこかの金儲け中心のメディアが政権と結託して、大衆がアメリカ政府を批判しないような状況を作るべく政府寄りの情報を垂れ流しにしていて、それを大衆が聞かされ、操られてしまっている、ということにする。大衆は同じことを繰り返し聞かされたら洗脳されるっていう前提に立って左翼はそういう話をするんです。いくらなんでもCIAが十人に一人くらいずつ選んで高度な洗脳をしてまわってるっていう『Xファイル』（FOX）みたいな話にはできないから、メディアでのサブリミナル効果みたいなのでとにかく情報を流されたらいうことを聞くようになるというのを落としどころにするんでしょう。

だから、『諸君！』とかが十倍の数でものを言ってるから、こっちも可能な限り大人数を集めて、何か派手なことを言ってカウンター・サブリミナル効果を狙わないといけない、と考える。あれもヘーゲルやマルクスの「量から質への転換」の名残かもしれないけど（笑）。量的変化が積み重なると質的変化にもなると考えているから、バカな批判でもとにかく積み上げていけば「右」に対抗できる「質」を獲得できると思っている。

打ち切られたトークセッションの最後で「仲正さんはそう言いますけどね、人間っていうのはラディカルさを求めてるんですよ」と北田君が言っていたけれど、私には「ラディカルが好きなアホがいるから、アホなラディカルなことでも言って人を集めないとしょうがない」という大衆蔑視のエリート思想にしか聞こえませんでした。僕は、そんなことを考えているなら、きちんと開き直った方がいいと思います。ポピュリズムやるんなら、上野千鶴子が知的ではなくて、バカだって構わないでしょう。ご当人も学問的にはまずいと思っているような男攻撃のバカなパフォーマンスをやって、バカな観衆を集めているんだから。でも、糾弾パフォーマンスをやって観衆を集めたからといって、簡単に「質」には転化しません。

インチキ弁証法教師は相手にぎゃふんと言わせたいだけ

仲正◉糾弾パフォーマンスをやる人間は、批判されている「敵」にも少しは人格があるってことをあんまり気にしないいんですね。ああいう連中って、若い学生相手でも容赦しないの。ホントは大物の右翼とかが来てカモになってくれたら一番いいんだけど、いなかったらもう学生でもいいからカモにしてしまう。昔左翼の教授がやっていましたよね。授業とかゼミで学生に最初はフリートークをさせるふりをして、相手がある程度自分の意見を述べたところで、「それは実は××というイデオロギーの型にはまっているのです」と指摘して、相手に自分のイデオロギー性を自覚させる。フリーだと思わせといて全然フリーじゃないんです。ああいうインチキ弁証法的なフリートークはドイツ人の左翼が好んで使います。やっている当人はそれほど悪気がなくて、弁証法的対話を通して〝真理〟に到達したってぬか喜びしたりするからタチが悪い。

インチキ弁証法の人たちは〝イデオロギー〟の指摘をした後に、「とは言ってみたものの、それを鵜呑みにされても困るんだけどな」って言わないんですね。「君の言っていることのなかに保守的なイデオロギーの典型が隠されているってことを今まで考えたことがあるかい？」などということを言われたら大抵の人間はまずびっくりします。大学に入りたての一年生だったら、初めての経験のはずだから、「ああ、とんでもないことを言ってしまったんだ、大変なことをした」って思ってしまうでしょう。それに反発して、すぐに反論するなんてことを期待する方がおかしい。本当に議論の仕方を教えたいと思っているようなまじめな先生だったら、そのまま真に受けてしまってかえって凝り固まった思考に囚われてはまずいな、というふうに考えて「そう簡単に真に受けるなよ」と断るはずです。でも、大抵学生が真に受けたらそのまんまなんですね。そういう自分の左翼的なトークを真に受けてくれた学生に対して「君は意識が高い！」って言ってしまう。若者を味方の陣営に一人でも多く〝回心〟させることが手柄になる。最近では、左翼が伝授しなくなってる分、フェミニストがそういう伝統芸能を形成しつつあります。

自分の主張に対していったん納得してくれた相手に対して、「そんなこと簡単に納得するんじゃないよ」って言える勇気がないような人は、そういう弁証法的対話の真似事みたいなのはやっちゃいけないでしょう。本当の弁証法だったらそこで止まっちゃいけないんだけど、通俗的なサヨクは相手が自分に賛同してくれた時点で〝対話〟を止めてしまうんですね。特にセクトのオルグをやっているような人間は、賛同してくれた時点でニヤッとしてしまう。弁証法を信奉するマルクス主義者としては、そこで止まるのはおかしいって思わなきゃいけないんだけど、相手の学生が「はあ」って言って、自分の左翼サークルに関心を持ってくれたらしめたものだと思ってしまって、自分でもそれ以上考えるのを止めるんです。

フェミニズムは学問として不毛だ、という右の批判は私にもよくわかります。そういう問答がインチキだと最初から思ってる人間にとってみたら、全然意味のないやりとりを続けているんだから。金太郎飴のように同じようなことを言うフェミニストを大量生産しても学問的には仕方がありません。相手に「ははあ」と言わせて自分の世界に取りこもうとして、かつて自分が受けたイニシエーションを今度は目下の人間とか、敵である〝男性中心主義者〟なるものに対してやり返す。そういうのって抑圧の下方移譲っていうんじゃないの？　そういう伝統芸能みたいなものからこそフェミニズムは自由にならないといけない、話をそこで止めちゃいかん、というふうにはいかないんです。

■――弁証法的な「否定」というと一見カッコよさそうだから、あまり考えないで濫用する人は昔から結構いましたよね。

仲正◉「否定」をもう一回「否定」すると、どうなるか本当のところわからない。でも結果が読みきれなくても敢えて「否定」するのが弁証法的思考だし、そうじゃないと本当の意味での「批判」にはなりません。これがまた北田君たち社会学系、特にシステム理論系のリベラリストのおかしいところで、否定＝批判の「結果」がどうなるかは予めわかってないといけないようです。結果がどうなるか分からない批判、論壇のバランスが更に「右」に傾くかもしれないような「批判」はダメなんですね。

北田君は、ロマン主義的アイロニーは現状肯定に傾きがちだと言っているけれども、単なる「皮肉」のようなものではない、本来的な意味でのアイロニー、自分自身の思考の基盤を本当に掘り崩すソクラテス的アイロニーのようなものは、そもそもどっちに行くかわからないものです。北田君はアイロニーというものを、そういう自／他の認識を相互に根底から変えてしまうものとして認識しているのではなく、何か相手を批判するための便利な道具のようなものとして捉えているのではないかと思います。道具だとブーメラン効果で自分に返ってきたら失敗だということになる。アイロニーの働きによって敵／味方の境界線が変化して〝自分〟の判断も変化しなければ、大層に、ロマン主義的アイロニーなどと言っても仕方がないはずです。北田君は、敵を倒すための武器であるアイロニーを使っても敵がぎゃふんと言ってくれないので、それを現状肯定と表現しているのではないでしょうか。ウルトラマンみたいな発想です。

主体からは予想がつかない方へいくのが弁証法

仲正◉別に弁証法でいってもいいんだけど、自分が認識している現状を「否定＝批判」した以上はどこに行くかわからない。多分、否定するってことは、現在の自分にとって良くない方に行くんでしょう。〝自分〟にとって良いと思う方へ行くってことが決まっているのなら、本当は否定ではありません。弁証法的に考えたっておかしいでしょう。左翼の「自己否定」って大体、何か変わったことをやるって言っても、自分の考え自体はあんまり否定してないですよね。

■——自分はちょっとだけ否定して、相手を大幅に否定する……

仲正◉これはヘーゲル哲学の議論でもよくある話なんだけど、我々は絶対精神がどういう姿で現れてくるか知らないし、現状では知り得ないからこそ否定＝批判するわけです。従って、絶対精神がどのように現前してくるかを予め分かっているかのように、歴史のコースを客観的に知りうるものであるかのように論じるのはおかしいはずです。絶対精神について語ることの意味をメタ・レベルで論じる時は、あたかも絶対精神が目の前に見えている「かのように」語ることは避けられないけれども、そうした「かのように」という形式を取っていることを忘れてヘーゲルの歴史のイメージを実体・絶対視すると、宗教、キリスト教の摂理史観のような話になります。予測できないはずのものを無理に予測できているかのように振舞うという逆説が分からないと、ヘーゲルもマルクスも単純な決定論になってしまうんです。

弁証法では予想がつかないところに行くはずなんだってことがマルクス主義のなかでは徹底されていません。ポストモダニズムに入るときにアルチュセール（一九一八—一九九〇）が偶然の弁証法っていう話をするようになりました。『情況』でもマルクスの学位論文のエピクロスの話（「デモクリトスとエピクロスの自然哲学の差異」一八四一年）なんかの特集もやったことがありましたね。初期マルクスとかアルチュセールみたいな変形バージョンだと、「主体」から見て予想がつかない方へ行くのが本当の弁証法だっていう発想が無くはないんだけど、あれは左翼業界では流行らないし、そういう議論をしてもちゃんと理解されないことが多い。そういう「偶然性」を弁証法と呼んでもアイロニーと呼んでも、どっちでも構わないんですけど。

IV

■――マルクス主義が学問から運動になった時点でアイロニーや弁証法などといったものは形骸化してしまったのかもしれませんね。啓蒙書を出そうとするときにそういうことは端折ってしまうわけでしょう。特にエンゲルスなんかは極端ですけれども……。

仲正◉ラディカルな人たちの、歴史の行く末を見据えているかのような語り方を見ていると、彼らが「闘う」っていう時に、思想の面ではホントは全然闘っていないと思います。ラディカルに「闘う」っていう時に、自分の思想の一番根本のところだとか価値観の一番肝心なところは全然否定しようとしないでしょう。とにかく「ブルジョワが悪いはずだ」っていうのは変わらない。「それが変わらないのは弁証法的におかしいはずじゃないか」と言ったら「それだと相対主義に陥る」とか「機会主義だ」「プラグマティズムだ」とかいうワンパターンの答えが必ずと言っていいほど返ってきます。それだったら思想における運動にはなりません。

全てを政治的力関係の話にしてしまうんですね。ポストコロニアリズムみたいなものもそっちへ行きかけています。ポストコロニアリズムは、植民地主義／反植民地主義の二項対立は不毛で、反植民地主義のつもりで西欧の論理を反復するのはおかしいというところから出発したはずだけれど、日本でポスコロを名乗っている連中は実際にはそういう発想はせずに、「植民地主義の残滓を排除するポストコロニアリズム的な闘争を徹底したら、アメリカのどこが悪いかが見えてくる」という感じで、結論は最初から決まっている。だからつまらなくなるんです。ポストコロニアリズムだとかカルチュラル・スタディーズを徹底してやったら「文化的弱者が排斥されている」という事実により目覚めていくはずだ、だからよりラディカルに闘うようになるはずなんだ、と。フーコーを齧っている左翼の連中だったら、フーコーの視点に立ったら必ず排除の構造に対してより敏感になっていくはずだ、と言う。徹底するとこうなるはずだという結論が既に決まっているんです。

それは実際には結論でも何でもなくて、ただ最初から思いこんで決めつけてプロパガンダで言っているだけです。自分たちの分析の根拠の立証をちゃんとしてくれたらポパー(一九〇二－一九九四)の言う反証可能性みたいなものが必ず出て来て、それが議論する土台になるはずなんだけれども、立証しようとはしない。宣伝して、その辺に人数が集まってきたら、それで証明されたことになると思ってしまうんですね。これでは論理的には反証のしようがありません。「こんなにたくさんの人が私の言ってることに耳を傾けてくれたじゃないか、これは人民がこの主張の正しさを認めてるからだ」と言って、それで証明されたことになると思っている。議論を組み立てる時に「結論」を最初に持ってくるっていうのはしょうがない面もあるんだけど、そこでちゃんと証明しようとする努力をしなくなると段々バカになっていきます。確かに、政治と学問的認識を分離するのは難しいところもあるのですが、完全に政治化してしまうと立証しようっていうことの意味はほとんど見い出せなくなってくるでしょう。

その行き着く先が、2ちゃんねらーです。マルクス主義は実際には全然立証になってなくても「立証しているようなふり」はしていました。そういう「ふり」さえ捨てて、ウケたらいいと公言し始めたら、もう2ちゃんねらーになるしかありません。

北田君も言っているように、2ちゃんねらーは確かに左翼の行き着いた果てです。結局は最初にレッテルを貼って、どれだけ罵倒するかっていうだけの話になってしまうから。自分のネタでたくさん集まってきたら勝ち。人が集まりやすいとなれば、サヨク叩きでもウヨク叩きでもする。ネタ合戦で勝てばいい。サヨクが反権力系のカンタンなメッセージを発しておいて、とにかく〝味方〟がたくさん集まってくれれば勝ちだっていうふうにやっていれば、それが何かの拍子にひっくり返った時に、プロレスの返し業のようにそっくり右の方に持って行かれるのは当たり前です。

■――引きこもりがちのオタクな若者が、2ちゃんねるに書き込んでいる内に社会参加しているつもりになって、勘違いしてしまう傾向ってありませんか。

仲正◉そうなんですけどね、まず左翼連中は、自分たちが2ちゃんねるの引きこもり的な若者をいい加減なネタによって政治に引き込むために、安易な宣伝をしてきたことを反省すべきだと思います。ネットでの嫌韓流の連中は確かに無茶苦茶言っていますが、左翼だって、さっきも言ったように、統一教会＝勝共連合なるものを批判するためだったら「おまえ実は右翼じゃないのか」と思うような無茶苦茶な宣伝をやってたでしょう。「勝共連合・原理研は韓国に帰れ！」なんて、明らかに嫌韓感情を利用していました。tnを名乗るバカは今でもそれをやっています。

他にもいろいろ例はありますよ。元解放派の人を中心にした現代史研究会という左翼的な研究会がありますが、そこで中東関係のイベントをやると「アウシュヴィッツは嘘だ」問題で物議を醸した木村愛二みたいなのがやってきて、他では到底受け入れられない「ネオコンはイスラエルの手先で、ユダヤ資本に操られている。イスラエルの言っていることは相変わらず全部嘘だ。ホロコーストからして作り話だ」と言い出したりする。それを人権派の活動家である連中が「はああ、そうなんですか」って、どこまで本気か知らないけど頷いて聞いている。ちょっとでも小泉政権の方針に正しいところがあると示唆するようなことを誰かが言ったらぎゃあっと騒ぐのに、反米という一点でホロコーストも嘘だというような暴言を許容するなんてとんでもない欺瞞です。しかし集まっているご当人たちは、「ブッシュのバカが……」とか「ラムズフェルドの汚いやり方で……」とか、そういうことを言いさえすれば自分たちがちゃんと異議申し立てをしていると思っている。ネットに群がる前に、左翼の集会って元々そういう無節操なところがあったでしょう。

もともとそういう素質のある人間が2ちゃんねらーになる

■——左翼集会がそのままネットでのやり取りになったということですか。

仲正◉左翼的な運動とネットとの違いは、左翼デモだと「参加してない人」にとって敷居が高くて、誰が運動の内にいて、誰が外なのかはっきりしていることです。ネットには匿名性があるので、敷居が思いっきり低くなります。政治的なことをやってるつもりでネットをやってる人間が錯覚しやすいのは、ネットだと誰でも参加できるように見えるからです。デモみたいに党派的な仕切りを設けてないから入りやすい。それでいろんな人が入ってきて、一応〝対話〟ができるから運動が広がってるような気になれます。でも最初にそういう幻想を抱いたのは左翼ですよ。各種の左翼の集会、現代史研究会とか、『情況』もそうだけど、蛆虫君たちに養分を与えてる媒体はたくさんありました。

ネットには、いろんな人に対して開かれてるっていう面と、デモや集会のように出かけていって、体を動かさなくてもいいから楽ができるっていう面と両方あるんですけど、実際には楽をするっていう面が強く出てきています。

これは2ちゃんねるじゃなくて、左翼系のミニサークルみたいなやつの掲示板らしいものの話ですけど、私を揶揄しているつもりのひどくアホなのがありました。「『文學界』の連載で仲正は、『従軍慰安婦番組改変問題で左翼のアホが安倍！ 安倍！ といって安倍脅威論みたいなことを広めているから、かえって安倍の名前が上がってる』って書いているけど、そんな左翼は仲正の脳の内にしかない。インターネットをググってみたけどそんなことは残ってなかった」と。そいつは、ネットで検索してみて、そういう意見が自分の見た範囲内になかったら、そういう現象は起こってないと決めつけている。まあ、あれはそんなに厳密な話ではないけど、この男にとってはネットで検索できる情報が全てなんでしょう。ネット＝世界だと思っている脳内左翼の分際で偉そうな口をきいている。因みに、そのサイトの名前は「自我闘病日記」ですが、ネットの前で自我闘病しているような奴が世の中わかったつもりの書きこみをすると、NHKの『しゃべり場』みたいで、滑稽なだけでなく、腹が立ちます。

そんな勘違いをしているバカはいくらでもいます。自分たちが作っている「運動の場」なるものに来てくれたら、もうそれだけで「あなたは意識が高いですね」というふうにリップサービスをしてしまう。「場にいること自体に意味がある」っていう言い方をするでしょう。そうしたらヴァーチャルな場でもいいということになります。場に参加すればいい、といって安心させてしまうのがいかん。「場」っていうのは、元々西田哲学の「場の思想」から来ているんでしょうけど、「場」の話は「場を作る」というところから「場にいればいい」という方に流されがちです。「場を作る」のは大変かもしれないけど、「(いちど出来あがってしまった)場にいる」のはそんなに大変ではありません。「場にいる」こと自体にはほとんど意味は無い。「場」で「何をやる」かが問題でしょう。一番最初に「場の中にいるだけで、行動したつもりになっていても、全然意味がない」ということをちゃんと言わないと。ただし、そこでまた暴力を振るうとかデモに参加するとか言い出すと、それだけで何か意味のあることを「やる」ことになると勘違いする奴も出てくるから厄介です。集会に参加してとにかくスローガンでもあげていればいいと思ってしまうからどんどん堕落していく。2ちゃんねるをやっているから、引きこもって妄想するようになるっていったら、何だか左翼の環境決定論みたいでしょう(笑)。もともと、そういう素質がある人間が2ちゃんねらーになるんです。

仲正◉ただ、2ちゃんねるに「書き込んでる」だけだったら、左翼のように大上段にふりかぶって人に自分の価値を押しつけるわけではないんだから害は小さいとも言えます。私も、悪口を遊びで書き込まれるのは全然構いません。ただ、そのなかに遊び事じゃすまない、実害が生じることもたまに入ってきたりするわけです。おそらく大部分の書き込んでいる人間は「単なる遊び事」でやっていると思います。遊び事じゃなくて政治的参加してるつもりになってるのはごく少数なんだけど、それがわりと左翼系なんですね。しつこく同じことを書いて「主張」しているつもりになるのは、左翼。純粋にネットのなかだけに趣味の世界を見出してる人間だったら、不健全だけど人には害は与えない。萌え系の人間だったら、親には迷惑がかかるかもしれないけど人には迷惑かけないから。ネット書き込みの大部分は萌え系だから放っておけばいいんです。社会参加してるような思いあがった気分になっているのが一部いて、それの政治的な意味をこめた書き込みに何も考えてない他の野次馬まで釣られてくるというのが問題なんです。ただ単に「何とかに萌えだ――！」っていう奴ばっかりだったら、イヤな人は見なきゃいいという話ですから。フィギュアに関する萌えと同じレベルの曖昧で隠語だらけの書きこみだったら、個人名で検索したって出てこないでしょう。掲示板を見ても誰のことだかわからないしね。

例えば、宮台真司が実在するどこかの女性を強姦したとか、大学でセクハラ行為をしたという類の噂だと冗談じゃすまなくなるけど、ほんとにありえないような話ばっかりだったら別に害はないでしょう。単に「ミヤダイ」という名前を持ってるネット上のキャラの行為ですから。そういう想像上の出来事を、実在する「宮台真司」と具体的に結び付けるような妙にリアルな書きこみをするとネタではすまなくなる。ネット上の話を無理に現実の政治運動と結びつけようと発想する人間がいるから、おかしなことになるんです。そういうおかしなことをやるのは、大抵左翼崩れ、あるいは左翼のなりそこないです。

本田透（一九六九－　）っていう人が『萌える男』（ちくま新書、二〇〇五年）っていう本を出しています。ネットで使われている、あの「萌える」っていう字は、多分、万葉集の時代をわざわざ意識しているんでしょう。その『萌える男』に、完全な萌え系になると脳内恋愛で完結してるはずだから宮崎勤*（一九六二－二〇〇八）みたいにはならない、という面白い議論が出ています。何で宮崎みたいなのが出てくるかっていうと、脳内恋愛で完結しないで、無理に外の世界で同じ様なことをやろうとするから鬼畜的な振る舞いをすることになるという。実際には、そう簡単に割り切って脳内恋愛に一〇〇％徹することはできないと思うけど、理屈としてはなるほどと思います。完成型の萌え系になってきて、あの世界のなかだけで完結してくれたら、少なくとも赤の他人には害はない。多分親兄弟にしか迷惑はかからないから、他人はもう放っておいてもいい。脳のなかだけで満足していて、中毒になってあんまりご飯食べないで、痩せ細っていって死ねばそれでいいわけだから。

宮崎勤◎一九八八年から一九八九年にかけて、東京及び埼玉近郊で発生した、連続幼女誘拐殺人事件の犯人。二〇〇六年、最高裁で死刑が確定し、二〇〇八年、刑が執行された。

「ネットをめぐる社会問題」っていうので実際にネットのなかだけで起こる問題っていうのはまずないでしょう。「外」に対して影響を与えようとするから問題が起こるんです。２ちゃんねるだけが世界だと思ってくれたら人には全然迷惑はかかりません。不可能ですけどね。何らかの形で社会的な現実化を図ろうとするから、他人を巻き込んでしまうんです。そういうのは結局、頭でっかちの文学青年が「サルトルの『嘔吐』をわかるには嘔吐経験が必要だ」って他人に向かってわめいているのと同じ意味で、倒錯しています。そういう人にはむしろ、「お前たちは完全な萌え男——まあ、萌え女もいるでしょうけど——になればいいじゃないか。実社会のことは考えるな！」というふうに言ってやった方がいいと思います。

「これこそが生活だ！」という発想こそ迷惑である

仲正◉文学ばっかりやってて外の世界はわからないというような人たちがそのことにコンプレックスを持っていて、真にわかるためにはこれをやらなきゃいけないとか言いながら中途半端に出てきて「生き生き」したがると、周りに迷惑をかけてウザイ。そういうのを僕は「生き生きしてる」と言って『デリダの遺言』（双風舎、二〇〇五年）で批判しているんです。自分の生きている狭い世界をヴァーチャルな世界だと自覚している人間だったら、あんまり「生き生き」する必要はないでしょう。他人に強くアピールするような「生き生きした決定的瞬間」のようなものをラディカルに他人に迷惑をかけながら求めたりしなくても、自分だけの狭い世界で平坦に〝何となく生き生き〟していればいいはずです。宮台用語だと、「まったり」していればいい。

サヨクっていうのは観念的な人間が多い。そういう人が、自分の周りは観念だらけだけど、「ここだけはリアリティがある」と勝手に思い込んで突っ走るからおかしくなるんです。閉じこもってくれた方が世の中のためなんだけど、プラトン（前四二七–前三四七）とかカント（一七二四–一八〇四）しかわからないような人間が、「理論と実践」だとか言って共産党の運動に首を突っ込んだりするから、バカなことを言ってしまう。そういう観念的な左翼学者がまかり間違って、他に人がいないからって大学の学部長とか学会の理事長になったりすると、社会貢献とか啓蒙活動のつもりでろくでもない制度を作って、大学を余計にダメにしてしまうこともあります。

宮台氏の議員に対するロビー活動*だとか、実際にはたいしたことはやってないと思うけど、あまり意味はないでしょう。民主党などに行って「こういう政策を実現しろ」とか言ってるっていうけど、向こうも本気で話を聞いているとは思えません。精々有名学者だから、宣伝に利用しているくらいでしょう。北田君にしてもそうだけど、彼らは元々東大の秀才で観念的な人なんだから、無理に社会貢献なんかしないで、観念的な人同士でまったりやっていればいいんです。というより、観念的な狭いサークルで生きている人間でも、「生きている」限りは既にどこかで社会と関わりを持ってるんだから、無理に「関わりを持とうとする」必要はないんです。

■——つまり、「生き生き」したがるのは、むしろ世間知らずであることにコンプレックスを感じ

「ロビー活動」◎ある特定の主張を有する個人、または団体が、政府の政策に影響を及ぼすことを目的として行う私的な政治活動。十九世紀、グラント大統領（アメリカ合衆国）が習慣としていたウィラード・ホテル、ロビーでの喫煙休憩中に、その時間を狙って市民が大統領への陳情を行なっていたことが始まりとされている。

ている知識人特有の現象だということですか。

仲正◉昔の文学的な言い方で、「生活している」場面がちゃんと描かれているとかいないというのがあったでしょう。「ちゃんと生活してないと、生活風景のある文学は書けない」とかって。その類の「生活」という言葉自体に囚われている観念的な輩が多い。一時期、文学部系の人たちがそういうところから左翼な道に入っていくトレンドがありましたね。実存主義的な傾向です。ちゃんと生活してないと生活風景があるような文章は書けないし、そういう文章を本当に理解することさえできないって。ちゃんと生活するにはこんな観念的な象牙の塔に篭ってちゃいけない、外に出て、日常生活をしっかり生きている人たちと触れ合わねばならない、彼らと一緒に汗をかき、彼らの日々の生活での苦しみも自らの肌身で感じて……というような価値観を持ってしまう。どんな人間だって自分なりに生活してるでしょう。ただ、自分と職業や社会階層が違う人の生活はよく知らない。アカデミズムの外の人は学者の生活をよく知らないはずです。よくないのは「これこそが生活だ!」という発想。ステレオタイプな「生き生き」のイメージを、他人に押し付けるべきではありません。

たとえば、世の中のいろんな土地のいろんな生活形態を知っているのが、「生き生きとした生き方」だと言うのなら、金沢の田舎のおばあちゃんはちゃんと生きていないことになってしまいます。大体自分の生まれたところの一キロ四方の外へはごくたまにしか出ないで、外に行くとすぐに不安になるような人たちばかりだから。そういう意味では「田舎者」は生き生きしていません。首都圏だって、ごく近所の人としか付き合っていない狭い世界に閉じこもっているような人は結構いるでしょう。経験の範囲が狭いのを「生き生きしてない」って言うなら、それこそ左翼はものすごく狭い。人間関係はものすごく狭くなるから。「生き生き」なんてものすごくいい加減な基準です。

「これこそが生活だ！」って言った時点で「生活」というものがヴァーチャルになってしまう。「生きている」ことの意味をはっきりさせないで「生活を体験する！」と叫んで、肉体派風に体を動かしているだけでリアリティが見出せるなんて思うから、おかしくなるんです。そんなことはそもそも観念的なんだって思い切ってしまえばいいことでしょう。

「教育」とは「向きを変えること」とは言うけれども……

■――無理に「生きる！　生きる！」と強調すると、余計ダメになるんですね。

仲正◉ちなみに、ハイデッガー（一八八九―一九七六）に『真理の本質について――プラトンの洞窟の比喩と「テアイテトス」』（創文社、ハイデッガー全集第三十四巻）っていう論文があって、プラトンの洞窟の喩えについて批判しているところがあります。洞窟のなかの囚人がいるでしょう。イデアっていうのは元々実体的なものじゃなくて、囚人の後ろから差し込んでくる光のようなものだというんですね。イデアの光のおかげで、こっち側、囚人の目の前に背後にある何かの影が映し出される。鎖に繋がれていて、勝手に向きを変えられず、後ろを見ることができない囚人は影を実体と勘違いしてしまう。そこで光の作用を意識して、我が目で見ることのできない、物そのものの姿をイメージするように促す哲学という営みが意味を持ってくるわけです。ただし、プラトンは別に光がイデア的な実体だと言ってるわけではありません。しかし、そういう誤解を生むような言い方をしている、というのがハイデッガーの批判のポイントです。

その囚人が影の背後の「真実の世界」を知るうえで、「教育者」（ペダゴーグ）、ギリシア語でいうところの「パイダゴゴス」というのが重要な役割を果たします。「教育者」というのは影を見ている囚人を光の側に向けてやる役割を果たす存在です。ハイデッガーは、この「教育者」の「教育」（パイデイア）という営みのポイントは「向きを変える」ことであると指摘しています。「教育」というのは良いことだと思われがちだけど、よく考えてみたら「影」を見て満足している人間に向かって、「それは偽物だ、目を覚ませ、こっちを向け、本質はこっちにある」と騒ぎ立てて、向きを変えさせるというのはすごく乱暴な話ですね。何で光を見ないといけないんだ、何で光があると知らないといけないんだ、影でも結構満足しているのに、何で洞窟の外に出て「イデア」の本質なるものを見ないといけないんだ、ということになります。ハイデッガーは、そこであたかも「イデアの本質」が、洞窟の中ではない、洞窟の世界の向こうの理想郷にあるかのような比喩になってしまっていることを批判しているわけです。

仲正◉プラトン自身に定位して言えば、「教師」というのは、囚人に今のところ直接目に見えないイデアを想起させるという尊い使命を帯びているわけですが、懐疑的な視点を取れば、イデアなるものが本当にどこかにあって、本当にそれを思い出している保証はないわけですよね。そういうのが「ある」という思い込みにすぎないかもしれない。だけど「教師」は「振り向けば、イデアがあるんだ。君は覚醒しきっていないから、かつてイデアを見たことを思い出せないんだ」と強弁する。ソクラテスの対話――対話を意味する「ディアレクティケー」から「弁証法」を意味するドイツ語の「ディアレクティーク」が生まれます――は、「イデア」なるものを無理に〝思い出す〟ように仕向ける誘導尋問にも取れます。さっきのインチキ弁証法の左翼教師の原型ですね。

左翼啓蒙主義の「教育者」たちは、自分で考えるのを手伝っているようなふりをしながら、実は強引に相手の視線をねじ曲げて「こっちに光がある」とやってしまう。無理やり「外の世界」に連れ出そうとするんです。しかし実際には、弟子を連れて洞窟の外に出ようとして努力すればするほど余計に〝イデアの本質〟という名の新たな影に囚われていく。そもそも「洞窟の外」に出ることはできるのか、できたとして、それは一体どういうことなのか、という肝心な問いについて十分に考えない内に、あせって「とにかく出よう」とするから、無茶なことをしてしまう。出られれば問題はないわけですが、出られるはずはない。プラトン自身も恐らく出ることはできないという前提で、今の自分の視点からでは見えないものを「見る」ように努力することが重要だと言いたいんだろうけど、できすぎた「比喩」のせいでヘンな連想が働いて、あたかも「洞窟から出て、イデアを自分の目で見ることが真理である」かのような安易なユートピア幻想に変質してしまう怖れがあるわけです。

それと同じ意味で、「外部」があるっていう幻想にマルクス主義的左翼はずっと囚われてきました。根が観念的な人間だからです。観念的な人間ほど閉塞した現状の「外」があると言われると憧れてしまうんですね。だからネットで左翼的な意味で繋がっている人間に対して「真に繋がれ」という言い方は余計に危ない。そういうのは北田君的な発想です。私は、そういう人間は人に迷惑かけないように可能な限り自分たちの脳内だけで萌えといてくれ、と思います。

■――宮台さんとか、北田さんの周りには、リアルな「繋がり」を求めている人たちが集まっているのではないでしょうか。

仲正◉宮台、北田、東浩紀（一九七一－）なんかが一応マスコミと繋がってるから、その周りに群がる2ちゃんねらー的な繋がり系の連中は「世界」と繋がってるという幻想を持ちやすいんでしょう。そういうスター的な存在が媒介になっていなかったら、ただブログにモノローグ的・自己満足的に書き込んでいるだけです。脳内で自己完結していないフィギュア萌えオタクと大差ない。ブログで他人から見たらごみくずとしかいいようのない書き込みをして「ブログ論壇」などと呼んでいい気になっているチンピラな人たちは、完全に引きこもって東君の言う意味での「動物」として、自分の好きな物語を好きなだけむさぼっていてもらいたいと思います。

ところが北田君なんかは、社会学板などに常連で書きこんでいる2ちゃんねらーを自分のファンクラブ、あるいは、ギャラリーみたいなものとして考えている。だから異常なまでに2ちゃんねるでの評判を気にして、2ちゃんねるに批判されないような物の言い方をしようとするんでしょう。「ブログ論壇」なんてよく言うなあと思うんだけど、ああいうのが成立しているかのように思えてしまうのは、ああいうのに書きこんで相手をしてやっている一般マスコミでも知られている有名人が多少なりともいるからです。まあ、有名人が混じっているといっても、それでレベルが高くなるわけじゃなくて、どっちみちチンピラ論壇にすぎないけど。ファンクラブを求めている北田君とか東君みたいな人たちが手を引いたら、フィギュアオタクのファンクラブみたいにどんどん人畜無害になっていくと思います。

中学生ぐらいになったら、意見になっていないことを言ったらバカと言われる

■――ネット上での「論壇」というのは2ちゃんねるが中心的な媒体になっているのでしょうか。

仲正◉いや、それよりも2ちゃんねるの悪口ネタの提供源になっているブログの方がもっと問題でしょう。メディア的な有名人がやってるブログにファンを装ったアホが群がって無茶苦茶な書きこみをしておいて、それを〝論争〟と称し、ブログ論壇が成立するかのように装って新しいアホを釣って仲間に入れようとする。ゾンビとか初期の『ゲゲゲの鬼太郎』に出てくる魍魎の群れみたいなものです。有名人たちがアホな犬畜生向けのブログを書かなかったら、あるいは自分で書いても、そ

れに対してレスする書き込みを一切禁止にしてしまったら、赤木のような蛆虫たちは養分を得られないで死に絶えると思います。知識人がブログをやる場合は、ライオンズクラブみたいに自分と同じような肩書きがある人以外には書き込みをさせないっていうふうに御高くとまってみせたら、蛆虫みたいなのは群がってこなくなるでしょう。思いきってそういうふうにしてみたらいいのではないでしょうか。なんでもかんでも発言の機会が多すぎると思います。

■——「バカは黙ってろ」ということですか。

仲正◉そう言い切ってしまってもいいと思いますよ。講演会みたいなやつでも、妙な奴は質問させないというふうにした方がいい。北田君とのトークセッションで言うと、「緊迫しているところで、政治的な拍手をするようなバカで品性下劣なばあさんは出ていけ！」と言いたい。二回目のセッションが終わった後で、三回目をやることになったとして、もし同じ顔のおばさんをみたら、「拍手するようなババアは出ていけ、今度やるのを見たら私は追い出す」とほんとにその場で言ってやろうと思っていました。それぐらい言ってやった方がいいんです。上品ぶってそういう下品な行為を見逃す知識人は多いけど、言い切ってやった方がいい。トークセッションでAがもう一方のBを糾弾しているときに拍手をしたら、Aが正義の味方でBが悪だっていうような意味合いになってしまう。そういうつもりがないんだったら拍手しちゃいけないし、そういうこともわからない非常識な人間が来るべきではありません。そういう奴は完璧に黙っているべきです。質問タイムも問題ですね。質問時間がそんなに長くないってことを意識しないで質問のときに長いこと喋ろうとする人間とか、討論と関係ないことをこじつけて言おうとする人間だとかも。いちど、アソシエの集会で僕が司会をした時に、時間があまりないので質問をこっちで整理するから予め紙に書いてくれって言ったら「みんなの生の声が聞きたい」と言って妨害する人間がいたけど、状況を考えないでそういう生き生きしたことを言うような奴もどうにかしてほしい。「バカはホント黙っとけ」って言わないとダメです。

■——そういう啓蒙活動をしていくわけですか。

仲正◉でも、そういうことは政治的2ちゃんねらー体質になり切ってしまった人間に言っても仕方がないと思います。もう治りません。子供の時から教えておかないと。一般的な風潮として、バカなたわごとでもとにかく「自分の意見」として表明すればいい、生きる力としてのコミュニケーションを身につけるには意見を言うことが重要だというのがあるでしょう。でも、それは小学生までの話だと思います。中学生くらいになったら、ちゃんとした意見になっていればいいけど、意見になってないことを言ったら「バカ」と言われるかもしれない、と、どこかで覚えさせなきゃいけないんだけど、大学に入るまでずっと、とにかく人前でしゃべることに意義があるという雰囲気でいってしまう。何か言いさえすれば主体性があるっていうような適当な教育を受けてきた人間がネットで書き込みをやり始めるからおかしくなるんです。

仲正◉最初から、自分はアホだから意見を言ってもなかなか聞いてもらえない、という自覚くらいもって書いていれば「参加してる」というような幻想は持てないと思います。本当に狂っていない場合の話ですが。参加幻想を持っている人間って大抵妙にプライドが高い。自分の下らない言い分がウケないと、意地になって有名人とかの悪口を書いて人の注目を引こうとする。思想オタクには、自分が社会的に恵まれないのを仲正のような似非思想家が跋扈しているせいにして、自分がいかに仲正のような言説の不毛性を見抜いているかというような意味のないアピールをしたがるのがたくさんいます。私は似非思想家かもしれませんが、そのことと、そういう思想オタクが評価されるべき価値のないアホと悪意の塊にすぎないことの間にはいかなる関係もありません。その類の蛆虫は、相手がいなくて退屈すると中途半端左翼にもなります。ああいうのが一番問題を起こしがちです。

どうしても思想家として認められたいなら、ちゃんとした専門的哲学者のサークルに入って仕事をして、どこかの大学の先生になれるように努力をするべきでしょう。そういうところへ行けないで、卵のまま腐っている人間がおかしくなるんです。2ちゃんねらーの連中が正当な発表の場を得ようと努力しないで、ネットに出てきて何か派手なことを言おうとするからおかしくなる。

ただ、大学の先生になっても、自分の分をわきまえないで、自分は特別な存在だから世の中をリードしなければならないという妙な使命感を抱く北田君みたいなのもいます。社会に向かって発信しなければならない、などと思って。彼にリーダーになって欲しいと思っているのは、彼をスターにすることで部数を増やしたいと思っている朝日とか岩波だけだろ、と私は思うんですけどね。

■――みんなとにかく、自分の「分を知れ」ということですか。

仲正◉大学に入学した時点で、「ちゃんとした手続きを踏んで定式化された言論にこそ価値があるんであって、中学生の主張みたいなことをいつまでもやってて、それで主体性があるなんて思ってるのはおかしい」と叱られるべきでしょう。そういうことを言うと大抵学生たちから「悪い先生」呼ばわりされるけど、私は「悪い先生」でいいです。まともなことを言って金沢の学生なんぞに好かれるはずがないんだから。といっても、東大だってまともな言論が理解できるような人間なんてそんなにいないと思いますよ。ましてや金沢なんかで、「お前の幼稚なたわごとなんぞには何の価値もない」なんて言ったら、まあ、積極的に嫌われないまでも敬遠される。それで上等だと思うべきだと思います。

■――嫌われてもいいから、まともに相手をすべきではないと。

仲正◉2ちゃんねるの社会学板に、宮台氏について、「本当はおまえは俗物で出世したいんだろう。お嬢様が好きなんだろう」という感じの悪口が書きこまれているスレッドがたくさんありますが、そういうのには「私はエリート主義だ」と宣言してやればいいのではないかと思います。もし私が彼の立場だったら、「私は元々東大の名誉教授のお嬢様と結婚したいと思ってた、そういう男だ、別に反エリート主義を宣伝したつもりはない。これからもそのとおりに生きる」とでも言ってやりますよ。そう言った瞬間はものすごい勢いで悪口スレッドが増えると思うけど、その後すぐに収束して、もうほとんど話題にされなくなって、彼は普通の大学の先生になれますよ。

言葉は正確に、慎重に使用しなければならない

■——仲正さん自身、2ちゃんねるに書きこんだりしませんか。

仲正◉そんなことしませんよ。『諸君!』の鼎談の後、統一教会偽装脱会信者疑惑が出た時にそういうデマの出所になったブログに抗議の書き込みをしたけど、あれは名誉毀損的な問題なので例外的にやっただけです。迷惑だからヘンなイメージ持たないで下さいよ。

さっきも言ったけど、2ちゃんねるよりブログの方がたちが悪い。社会問題を論じている思想系ブロガーがいやらしいのは、面白いことを書いてたらどこかの編集者の目に留まって、とか、露骨にそういう奴が多いことです。

大学の教師とかでも、ブログにエッセイ風のことを書いて、大手の出版社とかが出してくれないかと思っているのがいます。倫理学者の内田樹（一九五〇‐　）なんかは「ブログにエッセイを書いていて、そのうちなんかオファーが来ないかなと思ってたら、ホントに来た」と自分で言っています。多分、自分の俗物性を自己暴露して、普通のおじさんだということをアピールしているんだろ

うけど、そういうことをあんまり言うとバカが真似をします。内田氏のエッセイは成功したから結果的によかったとして、ブログで目立つことを奨励するような態度はどうかと思います。

目立ちたがりのブロガーのなかには、私のような相手に言いがかりみたいな喧嘩をふっかけて、それで注目されようとするのもいます。例の赤木・北田による「右傾化」疑惑の時に、関西の方の私立大の経済学の助教授で、mojimojiっていうハンドル・ネームの左翼的なテーマの論争によく首を突っ込みたがる奴が、いきなり第三者のブログに「(仲正がやっているように)ダメな右翼を放置するのが一番汚い」と書いていたことがあって、いつもはああいうのに反応しないんだけど、場合が場合だけにカチンと来て「お前は何の根拠で私が汚いと思うんだ?」と書き込んでみたことがありました。「お前は赤木と同じじゃないか」と言ったら、「いや、私は赤木とは何の面識もない。あなたの人格攻撃もしてない」ということを書いてくる。「ちょっと待て! お前は汚いと言ったんだぞ」と。「汚い」っていうことは、よっぽど相手の人格を知っていないと言えないはずでしょう。mojimojiは「そもそもあなたとその赤木という人の間で鼎談をめぐるトラブルがあったことなど知らなかった」と言っていたけれど、少なくとも鼎談に出たことで私が非難を受けていることは知っているわけです。ある事件に関して他人のことを「汚い」なんて言う以上、状況をよく調べるべきです。それこそ、ちょっとググってみればすぐに分かることでしょう。

この男は前にも、私が『お金に正しさはあるのか』(ちくま新書、二〇〇四年)という本のあとがきでイラク人質事件について左翼の人質応援団に対して批判的なコメントをしたのを非難していたことがあります。その時は別に大したことは言っていなかったのだけれど、彼が言うには「その時、仲正っていうのは左翼叩きをしてるちょっと印象の良くない人だと思った」と。それで、その第三者のブログに「あの本の印象は最悪でしたね」と書いているんですが、中身はほとんど覚えていない。「あとがき」で反左翼的なコメントをしているのをぼんやり覚えているだけです。記憶力が弱いし、多分理解力がないんでしょう。内容を覚えてもいない本の内容をもって、どうして「仲正は汚い」っていう判断ができるのか？　お前は神か？　と思います。自分じゃおかしいと思ってない雰囲気なんですね。あの「あとがき」は、犯罪的だとまで言っていたんですが、多分mojimojiにとって絶対にやってはならないパターンの「左翼批判」があって、それをやったら犯罪なんでしょう。独善的なのか、世の中を知らないのか、頭の中がセクトなのか？

ちょっと細かい言葉遣いの話をするようだけど、目の前にいる右翼を批判しないから「ずるい」だったらまだわかります。「汚い」っていう言葉が出るのはヘンです。「汚い」っていったら、普通の語感からすれば「汚い裏工作」を連想するでしょう。極めて人格を貶める言い方です。彼はそもそも『諸君！』の鼎談自体読んでないっていうんです。第三者が自分のブログに鼎談のレポートをしているのを見て、「仲正」という名前を見て、「あとがき」を見た時の印象をぼやーっと思い出して、脊髄反射的に「汚い」と書きこんだようなのです。こういうのは「最悪」というより最低の人格攻撃です。相手のことをよく知らない状態で「汚い」なんて書きこんでしまうんだから。開き直った態度にあまりにも腹が立ったので「そんな記憶力と節操のなさで私大の助教授やってるのか？　まともな人間のやることだと思うのか？　いい加減にしろ」と言ってやった。ついでに、今度やったらおまえの実名を公表したうえで「おたくの助教授は、ハンドルネームでこういうことをやって困ります」とおまえの職場に通報する、とメールで警告しておきました。他人を、人目につくところで「汚い」と罵っておきながら、自分はmojimojiで通そうなんてムシのいい話です。

この落書きのなかからオールタナティヴが生まれるのか？

■——でも、そういう人に対して仲正さんが紙媒体で批判したら、彼らを有名にすることになって、かえってよくないのではありませんか？

仲正◉赤木大介のことを『諸君！』であれだけ書いたのには、単に腹が立って反論したというのとは違う意味もあります。これによって赤木大介の名前が売れることになるのかどうか試してみたい気もしたんです。こういうことを書く人間を、目立ったことをやったといって取り上げてやるようなバカな左翼的メディアがあるのかどうか。出ないと思うけど、ちょっと試してみたいという気持ちもありました。『なぜ「話」は通じないのか』（晶文社、二〇〇五年）で、よく分からないまま、私が意図的に差別表現を使ったという適当な話をアソシエのニュースレターででっちあげた藤木直美という半可なフェミニストのことをしつこく書いたのも、こういうのを「よくやった」ということで取り上げるような左翼メディアがあるだろうかと試してみたかったからです。ちなみに、藤木直美はまだ取り上げられたっていう話は聞かない。赤木はもちろん無理でしょうね。

■――メディアに対する実験のような意味も込めているわけですか。

仲正◉ひょっとして『世界』や『論座』などが「この落書きのなかからオールタナティヴが生まれる」という感じの文化左翼的な特集をやってくれるかもしれない、というような期待があるからああいう手合いはああいうことを書くんでしょう。だから『論座』とか『世界』も、そこまで低俗になるつもりはないというんだったら、それをちゃんと示すべきだと思います。「ネットの落書きにも我々は関心を持ってるし、そんなことを書く人間がいるということは現象としては面白いかもしれないが、書いている人間自体はやっぱり蛆虫だ」くらいのことを言うべきです。落書き現象に関心を持つことと、そんな落書き掲示板でどんどん悪口を書きこんでいる人間を持ち上げることは違うという態度をああいうところが示せば、大分縮小していくと思います。左翼メディアが蛆虫に全面的に媚びているとまでは思わないけど「ちょっと媚びてるかな」というような、思わせぶりなところがあるからああいうのが寄ってくるんでしょう。

『情況』についても同じことが言えます。『情況』こそもっと、そういう毅然とした態度が必要かもしれないね(笑)。『情況』は元々、右翼の悪口を言っていれば何でもいいというような雑誌じゃなかったはずだから、そんなものは相手にしないっていうようなスタンスを明確に示せばいい。廣松さんが生きていてはっきり関与していた頃の『情況』には、あの人のマルクス主義哲学者・現象学者としての権威があったから、あまりにもひどいのは寄ってこられなかったけれど、今は権威がいないから追い払えないんです。

大衆浸透・動員は知的権威の役割ではない

仲正◉終戦直後くらいの『世界』だったら、やっぱり蛆虫みたいなのは寄せ付けないような感じがあったでしょう。ちょうど今『世界』の創刊六十周年で、別冊として一九四六年から今までの号の目次を出してるんだけど、やっぱり最初の方は堅いのが揃っています。清水幾太郎（一九〇七−一九八八）だとか丸山真男だとか和辻哲郎（一八八九−一九六〇）だとか。論文のタイトルものすごく堅いのが多くて、共産党系の人もプロパガンダっぽいやつは書いていない。今みたいに落書きみたいなのをブログに書いて取り上げてもらえるような雰囲気はなかった。ああいうのは私の嫌いな左翼権威主義だけど、でもホントの「エリート主義」になっていたような感じです。下の水準に合わせるというのではなくて、「論壇」という自立した世界をちゃんと構成していて、積極的に関心を持ってくれる人が読んで影響を受けてくれればいいっていうような態度があったように見えます。

時代が下って行き、読者層も少しずつ広がっていく内に「いや、そういう偉そうな態度じゃあダメだ、もっと民衆に分かりやすい生きた言葉を！」という傾向が生まれてきた。多様な読者へのアピールを考えるという発想自体はいいのですが、それが行きすぎて、下の人たちを引きつけるために「とにかく分かりやすく」というようになってしまった。そういう大衆浸透・動員が知的権威の役割だと考えるのは、私に言わせれば見当外れです。それは知的権威ではなくて、左翼政党やセクトがやることとです。「下」の知的水準に合わせて「降りていってやる」という身振りを示している内に、自分の頭の方がカンタン系になってしまいます。でも、ご当人たちや、そういうカンタン系の〝有名人エリート〟を持ち上げている〝高尚なマスコミ〟は自分たちは依然としてエリートだと信じているんでしょうね。

■――出版者主催のトーク・イベントのような、読者参加型の企画はよくないと思いますか？

仲正◉参加型にすることの意義は私も認めますし、積極的に取り組むべきだとは思いますが、やはり限度はあるはずです。参加型のイベントにやってきてとんでもないことをやる人間っていうのは結構います。例えば、宮台氏と私のトーク・イベントに自分のミニ宗教団体の宣伝をしにくる奴とか。信じがたい話です。藤木や赤木のように、いろんな講演会の類に出かけていっては意味不明の抗議活動をやる常連は少なくありません。「研究会」と名前がついていても人の話を聞くつもりは全くなくて、研究会の中心で叫びたいが故に関係ないことをしゃべりに来る人もいます。学会でさえ、名誉教授になって第一線から引いた後、もうよそからお呼びがかからなくなってるじいさんとかにそういうのがいます。昔は教授だった人だから、注意しにくい。

東浩紀なんかのやってるようなネット上の言論活動みたいなものも、紙とネットは対等だって示唆しているふしがあるから、赤木みたいなブログの落書き連中に勘違いさせやすいんですね。本人たちは多分そこまで堕ちてないと思ってるんだろうけど、それだったら、そこまで堕ちるつもりはないってことを言わないと。

期待に応えるつもりはないし、社会を変えようなんて全然思ってない

仲正◉でもああいうメディア論の人たちは「そこまで落ちるつもりはない」ってなかなか言えないようです。北田君には、そういうことを言ってアホなファンを切る勇気がないように見えます。宮台さんの周りにも、むちゃくちゃなことを言ってるいかにもオカシイ人間を受け入れてくれそうなオーラがまとわりついているでしょう。実際には適当にあしらっているようだけど。カウンセリングしながら付き合ってくれそうな雰囲気がある。『情況』の前の編集長の古賀さんにもそういう雰囲気がありました。「おまえダメだよ」と言いながらもカウンセリングみたいに話を聞いてやって、まともな知識人になれるようにバックアップしてくれる、と思わせるような雰囲気が。

■――北田さんは、みんなの期待に応えねばならないという使命感のようなものを感じているのではないでしょうか。

仲正◉左翼論壇メディア以外の誰が彼に「左」のヒーローになってほしいと思っているんでしょうね。もし北田君が今回の私のように「右」だと疑われる状況に置かれたとしたら、「私は『左』です。信じて下さい」という態度を取ると思います。そのように語ることで、誰かさんの〝期待〟に応えようとする。「良心的な知識人」はそういうパターンの振る舞い方をしてしまうんです。

私は、『諸君！』（〇六年二月号）にも書いたように、そんなうるさいことを言うなら「右で結構」と思っています。「お前らの期待になんか応えるつもりはない。社会を変えようなんて全然思ってないし、人の話を聞かないで、パブロフの犬のように生き生きと吼えまくるお前らのようなアホの理解を求めたってしょうがないじゃないか」と思っています。

■——そういう態度を取ると、かえって「炎上」しないですか。

仲正◉「右」でもいいって『諸君！』に書いた直後、ネット上の書き込みは瞬間的に増えたけど、すぐに飽きたみたいで「右」の話もあまり出なくなりました。開き直ってしまったので、もういくら噂してもこれ以上のことは出てこないということがぼんやり分かったから、アホどもが興味をなくしたんだと思います。「新右翼宣言ととられたらまずいなあ」などと、弁解がましい気持ちがちょっとでも表に出てしまうと、蛆虫君たちに付けこまれて、騒ぎが続く。「右」だと思うんなら勝手に思え！という態度を取った方がいいと思います。事実関係に関しては勝手に思い込まれて話を広げられても困るけど、彼らが僕を「右」だと思うのは勝手です。

赤木やｔｎのようなレベルの低い宣伝を「左」系のマスコミが真に受けて「仲正は危ない」などと思うようであれば、私が左の媒体に出るのをあまり気にしない『諸君！』よりも彼らの方が器が小さいということになるでしょう。実際、私は「右」にも媚びてないと思いますよ。『諸君！』（〇六年二月号）には『諸君！』にとって都合の悪いことも書いてある。八木さんのことを突き放したように書いているし、「右」の人が思想的に共鳴できるような書き方はしていない。『諸君！』編集部が付けてくれた『諸君!』に出て何が悪い」というタイトルは、結構アイロニカルだと思います。まあ、「媚びない」という態度を示すことによって「ヒネタ読者に媚びている」と見ることもできるでしょうけど、そう見えるのは仕方のないことです。どんなにヒネても、そういうのが好きな人間に対するウケを狙っていると見ることはできるわけですから。

生きとし生けるもの、虫までも救わねばならないのか

■――右や左の立場をはっきり取って、「大衆」を導くというようなことは必要ないということですが。

仲正◉前にも言ったけど、「右」や「左」に誘導するなんて余計なお世話です。マルクス主義ではそういう問題がずっと前から指摘されていますね。元々労働者じゃない人間が「労働者の解放」を言い出したっていうところから余計なお世話なんですから。的場昭弘さん(一九五二-)がずっと言われている話だけれど、マルクス自身は労働者とはあまり関係がなかったし、貧乏でもありませんでした。そんなに贅沢をしなかったらわりとまともな生活ができる立場にいた人です。柄谷行人がNAMを作るまえにアソシエの大会の講演なんかでも言ってたことだけど、左翼運動というのは元々知識人の運動だった。純粋に労働者だけで運動をつくっていったっていう例はマルクス主義の歴史にはほとんどないと思います。共産党を労働者階級の人たちが主体的につくったなんてことは、

ないでしょう。レーニン主義っていうのがそもそも、労働者じゃない人間がなぜ前衛党なるものをつくって、労働者を導く必要があるのかっていうのを正当化するための理屈ですからね。

労働者でもない人間が、「自己を解放すべく革命に向けて自発的に立ちあがるように定められている労働者」の党をつくるっていうのは、誰が考えてもおかしい。最初から現実離れするようにできてるんです。肉体労働者が共産主義にしてほしいなんて観念的な願望を自発的に持っているはずはありません。自然発生的な革命と言いながら、自然に任せているわけにはいかないということで、前衛運動が必要だという無理な理屈を立ててるんです。

住民運動みたいに自然発生的な抵抗運動もあると言う人もいるけれど、ほんとに自然発生の住民運動だったら左翼運動へと弁証法的に発展したりしないでしょう。

■——昔の左翼運動の理屈で、自然発生的なものだと経済闘争の次元に留まってしまって、政治闘争にならないと言っていましたね。

仲正◉ホントに自然発生的なのは経済闘争とか生活闘争でしょう。左翼理論家は、百姓一揆で終わっちゃいかんっていうことを言うけど、なぜ一揆で終わって悪いのか僕にはわからない。

ちょっと前に、アメリカの分析哲学者で「言語論的転回 linguistic turn」という言葉の生みの親であるリチャード・ローティ（一九三一―二〇〇七）が『アメリカ未完のプロジェクト——二〇世紀アメリカにおける左翼思想』（晃洋書房、二〇〇〇年）で展開した「文化左翼批判」がウケていました。そのポイントは、共産主義にならないと労働者が救われないというふうに最初から前提を立てて発想するのがおかしい、と指摘していたところです。労働者は別にそんなことを望んでやってるわけじゃないだろうって。ヨーロッパでは話は別かもしれないけど、少なくともアメリカには別にマルクス主義政党がなくても弱者救済運動のようなものはある、というんです。にもかかわらず、どうしても共産主義的な革命がないとダメだという前提で話をする連中が大学の文学部左翼として偉そうな顔をしているから段々歪んできている、デューイ（一八五九－一九五二）のようなプラグマティズム的左翼の精神を復興すべきだ、ということでした。

そういう現実的な議論なんだけど、日本の左翼知識人にはプラグマティズムはダメだという思い込みがあります。すごい思い込み。

■――プラグマティズムは機会主義だから危ないとかいう類の批判ですか？

仲正◉例えば、戦後の日本にプラグマティズムを導入した鶴見俊輔（一九二二―二〇一五）なんかは、最近小熊英二（一九六二－　）と対談したりしてまた取り上げられるようになったけれども、結構長い間、プラグマティズムは修正主義にすぎないって言う新左翼系の連中に嫌われてた時期があったでしょう。昔は「左翼」がたくさんいたからアメリカ産のプラグマティストまで仲間に入れてやる必要はないと思っていたんでしょうね。敵であるアメリカの思想でアメリカを批判してもしょうがないとかって。

■――プラグマティズムの考え方だと、人類全体の「解放」のようなものは求めないんですよね。

仲正◉ローティの議論だと、文化的文脈の中でしか「答え」は見つからないということだから、自分の文化の中で「問題」が解決できればいいということになります。アメリカだったらアメリカの中で解決できればいいということです。

しかし、そうなると、「それはアメリカの中だけでの富の配分の話になって、第三世界にいる弱者から更に搾取することになるから、それで九・一一みたいなことが起こるんだ」っていうようなワンパターンなことを言う左翼が必ず出てきます。今のアメリカが恣意的な判断で第三世界に介入していて、普遍的正義を代表していないのは間違いないけれども、かといって、全人類を包括できないような「解決」はけしからん、弱者切り捨てだなどと言い出すと、どんなに精巧な正義論を構築しても、必ずそこからはみ出してしまう弱者はいるから、結局何もできなくなります。「日本のフリーター人口の増加をどうするのか」とか「日本の障害者の福祉制度をどうするのか」とかだったら、考えようがないでもないけど、最初から「全人類を全て平等に幸福にするには……」とか言い始めたら話が始まらないでしょう。一部の人にだけ再配分して、支配の枠組みに取りこむような再配分はダメだというような、レベルの低いポストモダン系新左翼の議論を徹底したら、福祉政策は全部やめないといけなくなります。

アメリカの左翼だったら、アメリカ国内の不平等の是正、あるいは、もうちょっと広げて、カナダ、メキシコを含んだ「北米」くらいの範囲で具体的にどうするか考えるしかないでしょう。もっと弱者がいる、もっと弱者がいる、もっと、もっと……と言い続けたら、宗教みたいなことになります。ポストコロニアリズムの一部にはそういうどこまでも拡大していく傾向がありますね。そりゃあ「もっと弱者」の人はいるだろうけど、きりがありません。最後は人間だけではなくて、生きとし生けるもの、虫までも救わないといけないという話になる。

■――新左翼の元活動家で「虫を救わねばならない」というところから更に進んで、宇宙を救うというところまで行っちゃった人もいましたが。

仲正◉現代思想では、どれだけ完璧なシステムを作っても、必ずそこから排除される「外部」ができる、「他者」が作り出される、とかいう話をするんだけど、それははっきりいって理屈のうえでの話です。どんな立派な制度を作っても、それだけで満足するな、何か良いことをしたと思って安心するなっていうことを言っているだけで、弱者がどこかにいるから絶対に救いに行け、そうじゃない限り空理空論だ、って昔の左翼みたいな話をしているわけではないんです。

イラク人質事件の時に、真に平和を愛する者ならパレスチナに行かないといけないとか、イラクに行かないといけない、そういう勇気のない者には勇気を持ってイラクに行った人たちを批判する資格はないとか、まるで特攻隊精神みたいな極端な話をしていた左翼連中がいたでしょう。それに対して、保守系の評論家たちが「日本国内でも思想に関係なく、危険を伴なうボランティア的なことをやってる人間はいくらでもいる、なんで外国に行く方が偉いんだ」と言っていました。そうなんです。イラクとかパレスチナで現地リポートみたいなのを命がけでやるのが偉くて、日本国内で目立たない奉仕活動や行政批判の告発をやっている人はそれほど偉くないという、よくある風潮はヘンです。

別にイラクやパレスチナに行くのが悪いとは言わないけど、それが絶対的に「偉い」と思うのは明らかに勘違いです。正義のためだと思って危ないところへ行くのはいいんだけど、それだけでその人たちの行動を一切批判してはならぬというのはおかしい。そんなことを言ったら神風特攻隊とか英霊になった軍人とかも批判できなくなってしまうでしょう。

弱い者いじめの図式が好きな人たち

■――勇ましい反対運動だけじゃなくて、もっと細かいことにも関心を持てということでしょうか。

仲正◉例えば、少し前にマンションの耐震強度偽装事件*が話題になっていたけど、左翼の連中はあいう問題にちょっと前までほとんど関心を持っていませんでした。今頃になってにわか勉強して、偉そうなことを言おうとしているかもしれないけど。非常にマルクス主義的左翼的な発想をすると、マンションを買っている人はブルジョワじゃないか、マンションなんか一生買おうという希望さえ持てない人間もいるんだ、ブルジョワの内輪もめなんかどうでもいい、というような話になる（笑）。そういう発想をしだしたら、世間の人が気にしている住宅ローンの金利とか、日経平均株価とかも全部ブルジョワの贅沢話になってしまいます。

僕から見て歪んでると思うのは、成田闘争とか沖縄の反基地闘争とかだとむちゃくちゃ関心を持つ人たちが、道路公団の債務処理だとか混合診療の問題だとか郵政民営化だとか財政構造改革だと

「耐震強度偽装事件」◎二〇〇五年十一月十七日に国土交通省が「姉歯建築設計事務所（千葉県）が構造計算書を偽造していた」と発表したことに始まる一連の事件。当該の建物を分譲販売していたのは（株）ヒューザー。震度五にも耐えられない建造物の構造計算書が（株）イーホームズによる審査を通過してしまったことによって、規制緩和に対する国民の不安が増大した。

か、利害関係が複雑でどうやったら誰が得するか分からないような問題についてはちゃんと勉強しようという意識が弱いことです。左翼の人たちは問題に優先順位をつけてしまうのかな。こういうのに関心を持つのが一番意識の高い人だ、と決め付けてしまうんでしょう。国家が直接的に暴力を行使して、いかにも弱い者いじめをしているような図式が見えないと関心を持たない。

■——普通のリベラリズムで十分だということですか。

仲正◉例えば、アメリカの代表的なリベラル派の正義論者であるロールズ（一九二一－二〇〇二）は、格差原理に基づく再配分を提唱していますね。社会全体の富を増すことによって収入の面で弱者にとっても得になるような格差であれば、社会的正義の原理として正当化されるということです。簡単に言えば、金持ちにある程度自由に儲けてもらって、パイを増やそうという発想です。格差原理っていうのを認めてるんだから、絶対的な平等っていうのはもう無いわけですね。僕はそういう考え方でいいと思うけど、そういうことを言うとベタ左翼な人たちは「それがリベラリズムの限界だ」「もっとその限界に挑戦すべきだ」とか言い出す。まあ、その限界について哲学的に考えるというのは有意義だと思いますが、格差原理など認めない絶対平等主義を今すぐ政策的に掲げろというのは無茶な話ですよ。ほとんどの人間はどうしても自分のことを第一に考えるものなので、他人の立場に立って考えるといってもそんなに想像力は働きませんし、無理にそういう〝想像力が働く〟ような人間に改造しようとすると、ソ連型社会主義のようにしかなりません。左翼の人たちは、自分の言っていることがちゃんと分かっているのかと思います。

最終的に、格差がなくても労働するような利他的な人間になろう、という目標を掲げるというのはいいとしても、すぐにそうなるはずはないので、取りあえずの暫定的な解決を目指すっていう当たり前の発想がなかなか出てこないんですね。「根本的解決」が出されてないと動き出せないというんです。「根本的」解決というと「ラディカル」になります。ラディカルに遡られねばならないって言い出したら、「解決」できる問題ってまずないでしょう。例えば「沖縄にある米軍基地をなくせ」というのも、ラディカルに遡っていったら、それこそアメリカ自体が解体しない限り沖縄からなくなってもどこかに基地はできるはずです。そうすると、アメリカを倒す革命、世界革命をするということしかない。そういうことを指摘すると、「じゃあお前は何もするなって言うのか」ってすぐ左翼は言うんだけど、ラディカル追求が無理なことをもっと自覚しないとどんどんバカになります。

百年後、千年後の視点から現在の常識を批判するのが哲学

■――これまでのお話を踏まえると、思想・哲学はあまり政治的提案などをするなということになりますよね。

仲正◉今すぐにでも少しはどうにかなる話と、百年後くらいでないとどうにもならない話っていうのはやっぱりあって、哲学っていうのはどちらかというと百年後くらいにどうにかなる話の方を考えるものですよね。無理に今すぐどうにかしないといけないと思うから、無茶なことを言い出して

しまうんです。

政治哲学とか応用倫理学とか「応用」がついている分野だったら、例えば、百年というのを二十年単位くらいにするとかってことは可能かもしれません。自分が生きてるかどうかギリギリくらいの期間ということで。どうしても一年先の話をしたいなら、かなり実務的な政治学とか経済学の議論をするしかないでしょう。それを全部同じレベルで語ろうとするからおかしくなる。

マルクス主義の一番悪いところ——ご当人たちは良いところだと思っているけど——は、そういう区分けをなくしちゃって、すぐにどうにかできる話と百年後の話を同じレベルで語ろうとしていたところです。そして、それをラディカルだと思い込む。だから当然の結果として無茶な話になります。共産主義社会の話も、すぐに実現しようとすると無茶な話だけど、千年か万年か先の理想を言っていると考えれば、政治の将来像を考える参考にはなるでしょう。

哲学がアクチュアルな「政治」や「経済」に関して貢献できるのは、精々、政治や経済を中心で動かしている人たちの言説を分析して、ソクラテスが問答でやったように、その専門領域では日常的に常識としてまかり通っていることの論理的な整合性や、その論理から演繹されてくる帰結を吟味することくらいでしょう。哲学自身が政策提言しようなどとすると、見当外れなことになります。

百年後、千年後の未来像をイメージして、そうした仮想の視点から、現在常識になってることを批判するのが哲学の仕事です。哲学者はやはり世界を解釈するものであって、世界を変えるっていうことは、その影響を受けた別の人たちがやることだと考えた方がいい。一人で兼ねてもいいけど、

す。左翼系の団体が哲学者とか社会学者を呼んでイベントをやると、主催者はそういう人たちに「解釈する」と「変える」の違いを分かっていないと哲学者としても実践者としてもダメになりま
釈の先」を語らせようとするけれども、学者と名の付く者から今すぐどうこうなるような話を期待しても仕方がありません。学者の方も無理に政治的なオールタナティヴを語ろうとする必要はない。周りの勢いに押されて、オールタナティヴっぽいことを無理に言おうとするから、カンタン系の世界にはまってしまうんです。

社会学者は哲学者より現実に密着はしてるけど、やっぱり「学者」という名称が付いているんだから限度があります。東大などのエリートだと思われている社会学者が〝左翼〟になりがちなのは、「オールタナティヴ」を提起して欲しいと期待されているという独りよがりの使命感があるからでしょう。さっきも言ったように、期待しているのはマスコミや2ちゃんねらーくらいです。「左翼マスコミが話題作りのためにそういうことを言って欲しいと思ってるんだろうなあ」ぐらいの感覚でやればいいものを、ホントに使命を帯びてると思っているから黒山羊汚染度チェックのようなことをやってしまうんです。

■——周りの妙な期待を真に受けてはいけないと。

仲正◉ソクラテスが哲学の本来のあり方として〝実践〟した「アイロニー」っていうのは、実践病にかかって有頂天になるのとは対極的な態度です。アイロニストは好かれることを求めるべきではありません。ソクラテスのアイロニーは本当に純粋に独りよがりでしょう。彼はそれを自覚もして

いる。独りよがりなのに独りよがりだと思ってない人が問題なんです。独りよがりだという自覚がなくて、人々は共感してくれるはずだ、こんな正しいことを語っているのに共感してくれないのは「何かがヘンだ」というふうに考え出すと、〝哲学〟が段々歪んできます。

その裏返しとして、聴衆が付いて来てくれるのであれば、自分の考えの正しさが証明されたと思いこむ傾向ってありますね。左翼の大衆迎合戦略と同じです。聴衆向けにリップサービスしてしまって、その結果、自分の周りに人が集まってくると、それが「現実」だと錯覚してしまうんです。そうやって、柄谷氏は思想家でも批評家でもなくなってしまった。集まってくる人間にも、有名人の周りに群がって信奉者のサークルを作って目立てば自分も有名になれるとか、機嫌を取れば先生から何か仕事を回してもらえると思い込んでいる動機のよくないのが少なくありません。

若手の知識人には、東君とか北田君みたいに芸人さんみたいなパフォーマンスをやって、同世代以下の若者を集めて、こういう芸がトレンドだと思いこませてしまう困った人が多いですね。私は、わざとらしい芸は嫌いです。

読むなと言われて素直に読まないようなバカ

■——そういう皮肉を言う仲正さんの本なんて、左翼な人たちの間では「読んではいけない」リストの筆頭に挙げられているかもしれませんね。

仲正◉北田君の件でさんざん言ったけど、「右」というレッテルを貼って罵倒すればそれで左翼ラディカルだと思ってるアホは、すぐに禁書目録みたいなものを作りたがります。そのせいで「禁書」を読まないで、タイトルのイメージだけで〝批判〟しようとするからますますバカになっていくんです。八木の本は全部禁書目録に入っているでしょう。石原慎太郎の本も多分全部そうでしょう。右翼関係の禁書目録って昔から結構多い。八木秀次、西尾幹二、林道義、小林よしのり……。私のも一部入っているでしょうね。

以前にネットで『日本とドイツ：二つの戦後思想』（光文社新書、二〇〇五年）が禁書目録に入れられていたのを見たことがあります。大阪方面の立花という名前の左翼の読者サークルの主催者らしい奴が「仲正の『二つの戦後思想』は評論家的態度で書いてるから、皆さんに読んで欲しくないです」と読書サークルのホームページでぬけぬけと書いていた。「高橋哲哉さんみたいに、戦争責任のことを自分の問題として考えていない。『不自由論：何でも「自己決定」の限界』（ちくま新書、二〇〇三年）を読んだ時にはおもしろいと思ったんですけど」って言うんです。こんなアホな読者いらない、と思いました。評論家的態度が悪いというからには、このアホは自分で運動をやっているつもりなんでしょうけど、ラディカルな運動をやっている奴が何で読書会なんかやっているんだよ！　どアホ！　ボケ！　という感じです。読むなと言われて素直に読まないようなバカを集めて読書会をやったら、バカが増幅するだけです。

■――仲正さん版の禁書目録っていうのはないんですか？

仲正◉時間をかけて読む価値のない、カンタン系の本はあると思います。でも、それと読んじゃいかんっていうのは、話が全然違う。そこはすごく重要なポイントです。

左翼・右翼の連中は、読む価値がないから禁書目録に入れているんじゃなくて、「読んだら洗脳される」と思っているんですね。そもそも自分たちのサークルに集まっている信者たちは元々バカで本を読まないのに、禁書目録なんて作ったら余計読まなくなって、バカに輪がかかるでしょう。バカをそんなに増やしたいのかと思います。そもそも目録を作っている奴自身が相当にバカだから、バカのバカによるバカのための禁書目録になってしまう。暗黒の世界ですね。

■——そういう人は何から読むべきなのでしょうか。

仲正◉バカな人は、高橋さんの本とか小林よしのりの本のように売れて業界で評判になっていて、読まないでもタイトルだけで大体分かってしまうような本よりも、まず「つまんない本」を読んだ方が良い。つまんないっていうのは、西洋哲学概説みたいなほとんどの人にとって教科書的すぎて、いくら読んでも興奮できないような本のことです。私も、思想史の教科書のほとんどはつまらないと感じますし、自分で書いてみたいとも思いませんが、そういうものは基本的な教養のために必要です。そういう意味で「つまんない本」を我慢して読むことができない人間は、やっぱりダメだと思います。大学の授業で使うような「つまんない教科書」を我慢して読んでいたら、大抵のものは我慢して読める忍耐力がついてくる。金沢大なんかだと、丸山真男の『日本の思想』(岩波新書、一九六一年)とかでも「難しすぎて読めない」って大学の四年間言い続けるような奴ばかりです。

我慢して読めないんでしょう。

大学の授業の課題で、すごくつまらない哲学の概説書をまとめてくるレポートとかを出すことがありますけど、ああいうのって意外と大事だと思います。普通は関心を持てないようなものを無理に読まされて、レポートを書かされるっていうのは「じっくりと読む」訓練になります。当然、ちゃんと書いてきて、先生もそれをちゃんと読んで評価すればの話ですけど。

大学の授業もゆとり教育路線の影響で「無理に話を聞かせなくても、最初から学生が興味を持てるようなことをやらねばダメだ、学生のニーズに応えて……」などと言い過ぎていると思います。学生に「媚びろ」ってことでしょう。大学の教師にも、学生に興味をもたせる技術が必要だという人がいるけれど、限度があります。哲学や社会学の概説は、要点をきっちりと伝えようとすれば、どんなにうまく教えても、最初はほとんどの学生にとって面白くないでしょう。そんなものは要らないというなら話は別だけれど、基礎教養として教えるべきだというなら、ある程度分かってくるまでは概念の羅列にしか思えなくてつまらないものであるということを認めるべきです。国語の授業で漢字を覚えるのとか、外国語の授業で文字や発音を子供のように丸暗記するのが面白いはずがないというのと同じです。最初からそれが面白い人間はまずいません。大半の人間にとっては最後まで面白くないでしょう。

カント学者の中島義道さんなんかも、一般読者にとってはつまんない、自分の専門に即した本ばかり書いていていたらあんなに有名になっていなかったはずです。例えば『悪について』（岩波新書、二〇〇五年）は、カントの根源悪について的確に説明した非常に良い本だと私は思いますが、あまり話題になりませんよね。彼は本当の専門の時間論などでたまに良い本を出しているけれど、そういうのは話題にならないで「うるさい」とか「善人はいやだ」とか言っているエッセイばかりが話題になる。私の本はもともとそれほど売れていないけど、専門的なことを真面目に書いているものはブログの悪口の対象にさえなりません。タイトルを見ただけでワン君たちが敬遠するんでしょう。読者は勝手だから、読みにくい本は最初から避けているくせに、出版社とのお付き合いで書いているわざとカンタン系にしている本を「見て」、それほど深い意味を込めているのではないと見え見えのところだけ取り上げて、「こいつ、こんな単純なことを言っている」という感じで悪口のネタにする。「お前らがバカだから、お前ら向きにレベルの低いこと書いてやっているんじゃないか。こんなのしか読めないくせに偉そうなことほざくな！」と私は思う。

新書に本当に専門的なことが書かれているはずはないんですよ。半入門書なんだから。専門的に新書を書いているのは下手な人です。新書と専門書の書き方の違いが分からないようなアホな読者が、ブログでデタラメな書評をやるから、アホがリゾーム的に増えていく。いやになります。

新書はさらに専門的なものを読んでもらうための呼び水

■――仲正さんのこれまでの本で一番専門的なものというとどれになりますか？

仲正◉最初に関心がなかったら本当に面白くないと思うけど、今の段階では『モデルネの葛藤』（御茶の水書房、二〇〇一年）を一番読んで欲しい。本体価格四千八百円。私としてはホントはそういうのを読んで欲しいんだけど、出版社はそういう本を敬遠します。もっと分かりやすいのを書いてくれ、と言われるのでリップサービスの多い『なぜ「話」は通じないのか』のようなものも書くんですけど、そういう本は、そういうものだと思って読んで欲しいですね。

専門とエッセイ的なものの中間に新書があるわけですが、「新書」の読まれ方で一番ヘンなのは、新書というのは自己完結的なものではないということをきちんと認識していない人が多いことです。半入門書だから一冊読んで終わりということではありません。その領域に関心を持ってもらって、更に専門的なものを読んでもらうための呼び水です。時間がなくて本当に専門的なものを読めないから新書を読むということもあるわけですが、少なくとも「続きがある」ということは基本的前提として知っておくべきです。それを分かっていない奴が、この新書はどうのこうのと言うからヘンテコな評価が蔓延する。更に高度なものを読む必要性を感じさせないで、「エンタの神様」（日本テレビ）に出てくる芸人さんのネタとか小泉劇場のように読者に「感動した！」と自己満足させるように書かれているような、ポピュラーになる新書は、新書としての役割を果たしていません。

これも昔から言われていることだけど、大学の授業で、「このテーマについてもっと勉強したい人は、これを読むのがいいでしょう」という形で参考書が何冊か挙げられることは多いと思いますが、そういうところで言及される参考書を取りあえず読んでみようかという学生はあんまりいませんね。私もよく参考書を挙げるけど、大抵無駄になってしまいます。金沢じゃしょうがないでしょうね。旧帝大クラスでも本気にするのは百人に一人くらいじゃないですか。自分で本を読むことを億劫がってる人間ばかりだから、「帰って、自分でこういう本を読んでもっと勉強して下さい」と言うと、アホな学生や自分で教壇に立ったことのない文部官僚に、「全てを自分で説明しようとしない悪い授業だ」と評価されてしまう。

■――有名知識人は、自分のポピュラー本以外の難しいものをもっと読めと読者に言うべきなのでしょうか。

仲正◉たとえば、宮台さんが講演会なんかをやったとして「これから展開する私の議論の前提を分かってもらうには、ルーマンの『手続を通しての正統化』(風行社、二〇〇三年)くらいはちゃんと読んでもらわないと……」というような形の話をしたらいいと思うのですが、彼はそういうことは言いそうにないですね。

最近の特にアホな読者・聴衆には、西洋人の名前を出したとたんに「わからん」と言う人がいます。「じゃあ読むな」「聴くな」と私は言いたい。高校生が『『カラマーゾフの兄弟』は西洋人の名前が多くて読めない」と言ってるのと同じレベルです。西洋人の名前を知らないのはしょうがないけど、西洋人の名前を聞いただけでついてくる気をなくすような、戦前の庶民みたいな人間は、思想関係の議論に口を出すべきではありません。知的好奇心が無いんでしょう。

たとえば、私がドイツ・ロマン派について語ったらおそらく知らない名前もどんどん出てくるでしょう。シュレーゲル（一七七二－一八二九）を知っている人ははほとんどいないと思います。「シュレーゲルというのは兄弟で、兄のアウグストはシェイクスピアの翻訳者として有名だけど、ベンヤミンが評価しているのは弟のフリードリッヒで……」っていうようなことを言ったらそれだけで頭抱えるアホが多そう。

ノヴァーリス（一七七二－一八〇一）くらいは知ってるかなあ？　『青い花』（ノヴァーリス、一八〇一年）と『青い鳥』（メーテルリンク、一九〇八年）を混同してる奴が結構いたりして（笑）。まあ、知らないのはしょうがないんだけど、知らないのを恥ともしないのが多いというのが問題です。いや、知らないのを恥ともしないのはまだいいか。知ろうという意欲が全然出てこない自分を恥ずかしく思わない奴が多いですね。そういう〝ファン〟はいりません。そこまでアホになると、どんな情報を与えてやってもワンワン吼えるだけで、思考をブラッシュアップすることなどできませんから。

念のために繰り返し言っておきますが、現時点で知らないこと自体は仕方がないと思います。私も偉そうなことを言っていますが、時々、自分が専門にしているはずの思想史や文芸批評について常識的なことを知らないことに気付くことがあります。そこで恥ずかしいと思って、知ろうとする努力をする姿勢さえあればいいと思います。知ろうと思わなくなったらもうダメでしょう。

■――教養は必要なものだということを認識すべきだということですね。

仲正◉最近は、専門家でも基礎教養のない人が多いですよ。分析哲学をやっているからデリダ（一九三〇－二〇〇四）が分からないというのはまだ許せるとして、カントをやっているからヘーゲルはあまり知らないとか、ハイデッガーをやっているから観念論は分からないとか平気で言ってしまうような生半可なのが結構います。そういう勘違いした専門バカ――というよりマジバカ――のおかげで「専門に哲学をやっている人さえ読まないのだから、哲学をやったことのない素人が難しい本にチャレンジしないのは当たり前だ」という風潮が助長されている。自分の論文のネタになる対象にしか興味を持たない人たちは、長期的に見て自分の首を絞めていますよ。細かい専門に入る前の、大前提の専門基礎として共通に読まないといけないようなものがなくなっているのではないかという気がします。教えている人たちも妥協し始めているし、学生は知的スノビズムを捨てて、とにかく知った風な口をきけるそれらしい専門用語をいくつか知っておけばいい、という2ちゃんねる・サブカル文化論的な傾向を強めている。

今の大学業界には、教養っていうものがなくても専門はできるっていうふうなことを言ってしまうアホな人がいるんですね。「今すぐに役に立たなくても、後で振り返ってみて役に立つのが教養だ」という当たり前のことを確認しておかないと、どんどん地盤沈下していって、「漢字が多いので講談社新書は読めません」なんて平気で言う文学専攻、哲学専攻の大学院生に囲まれているということになりかねません。「ドイツの古典のようなものは古いので今の時代の教養としては不適切です」

と言ってもいいけど、じゃあ今必要な教養として自分は何を推薦するのかという選択肢を出さないと無責任です。思想の最前線で闘うための「ラディカルなオールタナティヴ」なんていらないけど、「教養」に関するオールタナティヴだけは要ります。

■――教養に対するスノビズムは必要だと。

仲正◉「ルーマンやりたい？　じゃあまずドイツ語読めるようになりなさい」くらいは言うべきでしょう。ルーマン、ルーマンってバカの一つ覚えで連呼しながら、ドイツ語ができない理論社会学者の卵が最近増えていますからね。ドイツ語の文献を読むのに英訳で満足してる人間も多いしね。折原浩（一九三五－　）のウェーバーの訳に対する固執まで行くと病気だけど、不明なところがあったら自分で原書を読んで、確認できるくらいの語学力は必要でしょう。正直言うと、私も原典の実物が手元になくて、取り寄せたいけど原稿の締め切りが迫っていたりして、訳だけ見てごまかしておくということを時々やっていますが、ちゃんとした論文として書いている時は、ゲラが出てくる前にちゃんと原典と照らし合わせて確認することにしています。それができそうにない時には思いきって記述の仕方を変えます。そういうのはホントはあんまりやっちゃいけないことですけどね。

どんなに頑張っても、専門に必要なあらゆる教養を身につけるなんてことはできませんが、「こういうことを専門に勉強しようとしているのに未だにこんなことも知らない自分が恥ずかしい」という恥の文化をなくすと、人間ではなくて、ワン君の群れになります。

V

■——この一年ほど、耐震強度偽装事件やライブドア事件など、日本の政治経済の真ん中で大きな事件が立て続けに露見しています。その締めくくりのようにして起こり、全てをうやむやにしてしまったように見える民主党永田議員（一九六九—二〇〇九自死）による偽メール事件*というのは、ああした政治の場で起こるにはあまりに拙いように感じたのですが、仲正さんはどのように見ておられるのでしょうか。

仲正◉あの永田議員がやったことっていうのは、要するに下手な左翼なんですね。あの感覚は左翼ビラです。東大を出て財務省のキャリア官僚を六年間やってた衆議院議員の三十六才の男がやるから滑稽なんだけど、左翼ビラの感覚だったらいかにもありそうな話です。僕がまだ東大の学生だった、二十年ちょっとくらい前だと、東大の先生で昔左翼やっててまだちょっと〝左〟が残ってるような人たちが、「学生時代に一回はマルクス主義にかぶれてないとダメだが、そのままやっているのはバカだ」というようなことを言っていました。

■——そういう言い方ありましたよね。麻疹みたいなものだと言われて。

仲正◉永田の振る舞いを見ていたら、麻疹にかかったことのない男だなと思いましたね。「左翼」になったのが遅すぎます。若い学生が、ビラに書いたり、ハンドマイクとかメガホンで適当な悪口

「偽メール事件」◎二〇〇六年二月十六日の衆院予算委員会で民主党・永田寿康議員が、衆院選〔〇五年〕に出馬した堀江貴文氏（当時㈱ライブドア社長）が選挙運動中に送信したとされた、自民党・武部勤議員（現幹事長）の次男の口座に三千万円を送金する旨を記した電子メールのコピーを証拠として質問に立ったが、メールは堀江氏が送ったものではなく、全くの偽造であったことが判明。三月三十一日、永田議員は責任をとって議員を辞職し、民主党執行部も総辞職を余儀なくされた。

をアジってるんだったら、まだ可愛げがあるし、学生の他愛のない振る舞いだということで、何となく許されるでしょう。でも、あまり調子に乗ると、別のセクトに殴られたり、当局から、訴えるぞ！　と脅してこられる場合もある。ああいうのは、何回かやってみて、相手に対してどういうダメージを与えたいならどういう攻撃をどういうふうにやるべきなのかということを、若いうちに学習しておかないといけません。ああいうのこそ経験しないとわからないですから。

そういうことを身につけておくのが不可欠な職業っていうのは、ジャーナリスト、評論家、政治家　など、ごく僅かだけど、そういう職業に就く人間はやっぱり、人を徹底的に叩くときにはどうやって叩いたらいいのかという技術を身に付けておく必要があります。あの男はあんまり痛い目にあったことがないんでしょうね。

■——論争というよりも喧嘩の技術ですか。

仲正◉学者や知識人が論争する場合には、論ずべきテーマを最初に設定して、場所や時間、話の進め方のルールをはっきりさせておいて、第三者の視点も交えながら話を詰めていくというのが基本です。設定された場に、客観的な証拠を持ち寄って、互いの主張を展開したうえで、次回にはこの点について話し合うから、お互いにこの点についての自分の主張を証明する材料をもって来ようと約束しながら進めて行く。

しかし、人間が言葉で争うときに、必ずしもそういうふうに合理的で互いに対してフェアな争い方をするとは限りません。左翼によくありがちなことだけど、「論争している」と言いながら、ちゃんとした形式を備えた論争をすることはあまりなくて、実際には、どちらの主張の方が大衆にアピールして動員することができるかとか、いかに相手のイメージを悪くすることで人格的に追い詰めて徹底的に潰すかという方向に向かいがちです。ただ、そうやって、〝論争〟という形を取りながら争う場合にも、目的に応じてそれなりのゲームの作法があります。味方に対して、自分のカッコ良さをアピールしようとする時に、敵を口汚く罵ったりしたら、マイナスでしょう。その逆に、相手を潰すことを至上目的とするなら、いい子ぶってばかりはいられない。また、相手のネガティヴ情報を宣伝している自分自身の信憑性が問題にされないように注意する必要もあります。

永田の、ああいう左翼ビラとかアジ演説みたいなやり方っていうのは、基本的には味方の結束を固めるときの戦術としてやることであって、相手を論破したり、潰したりするときのやり方ではない。「どうせ武部は金をもらってる」というようなことを、たとえばブントの集会みたいなところへ行って喚いたり機関紙に書いたりしても、多分そんなに問題にはならないでしょう。少数の左翼仲間を糾合するために派手なことを言ってるだけなのは分かりきっているから、自民党も、しょうがない左翼だなあくらいにしか思わないはずです。左翼が身内向けのアピールとしてやっているアジ演説みたいなことを、国会でしかも、相手と対決しながらやるというのは、ただの世間知らずとしか言いようがありません。別に先輩議員とか弁護士の意見なんて聞かなくても、喧嘩をしたことがある人なら直感的に分かります。国会でやるなら、証拠と論理を揃えて徹底的に武部を潰すつもりでいかないとダメだった。

抽象的に「金で魂を売った」からといって賄賂をもらうわけじゃない

仲正◉「金で魂を売ったのはあなたじゃないですか？」と彼は叫んでいたけれど、多分ほんとはあれを言いたかっただけでしょう。左翼はああいう言い方をしたがるんですね。資本主義の根っこは貨幣経済だと思っているから。その意味でも彼は「遅れてきた左翼」です。

抽象的に「金で魂を売ってる」ということと、具体的に賄賂だとかリベートみたいなものをもらって不当な働きかけをするっていうことは、レベルが違うっていうことが政治家なのにわかっていないのは問題です。そういう区別がつかないのは、大学になって初めて左翼サークルに入ってのぼせあがっているお子様か、三十、四十、五十、場合によっては六十になっても、〝お子様〟をやっている社会の排泄物のような輩でしょう。自民党が金もうけを考えてるとか、利益誘導型の政治をやるとかっていうときに、必ずしも個人のふところに入るような利益誘導をやっているとは限りませんよね。地元に道路を通したり橋をかけたりしたとしても、それで自分の屋敷がでかくなるっていうことでは必ずしもない。むしろ本人のところは素通りしていって、本人には権力は残るけどそんなに金は残っていないってこともありうるということをきちんと認識しておくべきです。

敵側の立場に立つと、自分で金もうけをしてるのも、後援会が金もうけをしているのも、自民党が政治献金を集めているのも、各所管省庁の省益を守る話も、全部同じに見えるんだけど、それはやっぱり違うんです（笑）。個人で金もうけをやったんだったら、法令に違反してる可能性は高いけれど、党とか省、地域の利益だったら、法律には違反してない場合も多いでしょう。そういうことは左翼的、反資本主義的立場から批判するときに、常識的なこととしてちゃんと自分のなかでわかっておかないといけない。田中角栄（一九一八－一九九三）が個人的にどれだけ儲けているという話と、越山会（田中角栄後援会）の幹部になってるような人たちにどれだけ儲けさせていたかという話は、法律的にみると全然レベルが違う。そこを混同するとおかしなことになってくるんです。

個人への利益誘導は個人の責任、地域への利益誘導は政策批判

仲正◉左翼って、近代法の原則である、「自己責任」、つまり自分のやったことに対して〝だけ〟責任を負うという原則を頭っから認めないで、何でも連帯責任で発想するくせがありますね。「階級」が運命共同体だから仕方がないかな（笑）。

僕はサヨクではないので、基本的には近代法でいいと思っています。近代法だけではうまくいかないことも多いけれども、人を罰するとかっていうことに関しては、近代法の大枠はそんなに外せないと思ってます。「金に汚い」とかっていうことで法律的に追及するときは、個人の責任っていうことで考えざるを得ません。個人が金銭に関して犯罪を犯したんだったら、個人が犯した犯罪に対して追及すればいいんだけど、そうじゃなくて、何かもっと漠然とした地域の利益とかっていう

ときは、ちゃんと政策レベルで批判しないといけない。あなたはこちら側に立ってこちらの利益を守ってやっているようだが、それは日本全国の立場になっていない、ということを言えばいいんです。それは当たり前のことだと思うんだけど、そういうことをちゃんと切りわけて指摘するっていうのが、原始的な左翼文化のなかでは常識として通用していないんですね。個人の法的責任と、組織・集団の抱える政治構造的な問題が、「搾取する者／搾取される者」という雑な二項対立の中で曖昧になっているんです。

新自由主義を批判するときに、個人が金儲けをしているかのように言いたがりますね。金沢大の革マルなんかは今でも「独占資本家」っていうのがいると思っているみたいです。経団連の会長とかトヨタの社長とか、経済団体だとか大企業のトップがテレビや新聞で適当にしゃべってるコメントの中から自分たちのセクトに都合のいいところをもってきて、「これが独占資本家の考え方です」とマジな顔で言っています。

「資本家」っていう言葉は面白いですね。〈capitalist〉って基本的には「資本家」なんだけど、「資本主義者」とも訳せます。本来の意味は、投資によって自分の利益を図る「資本家」の方だと思うんだけど、左翼のバカは、それをイデオロギーとしてやっていると思いこむ。自分がそうだから、相手も同じだと考える。革マルが好きな「独占資本家」っていうのは、個人で大儲けをしていると同時に、資本主義体制を守るという使命感を持っている存在として表象されてるんでしょう。今時のチョイ左翼な連中は「独占資本家」っていう言葉は使ってないけど、「新自由主義」を批判するときに、資本主義を守ろうと思っている人間は自分でも資本家的に金を儲けているんだっていう〈capitalist〉的なイメージを持ち出すきらいがありますね。

■――昔のカリカチュアにありますよね。太ってる人が資本家で、足蹴にされてる労働者が飢えてて、と。そのイメージがまだ残ってるね（笑）。

仲正◉十数年前、住専*に予算を投入するっていうときに、別に左翼じゃない人たちまで「住専を救おうとしてる人たちは、よっぽど儲けてるんだろうな」などと分かったような顔をして俗論を口にしていましたよね。あれは別に「住専を守ろうとした」わけじゃなくて、住専が抱えていた不良債権を処理するために公的資金を投入するべきかどうかという話だったと思います。住専に融資していた農林系金融機関等を、間接的に救うことになるかもしれないけど、住専そのものが救われるわけではないでしょう。分けの分からない人たちが、左翼系のマスコミ報道をぼんやり聞いて「相当おいしいところがあるから守ろうとするんだろう」と疑ってましたけど、具体的に「何がおいしいか？」ということはよく分かっていない。金融界の集団的利害を守るっていうことが、個人的利害と必ず直結していて、裏ですごく汚いつながりがあるからやってるに違いないという陰謀論的な前提があるんです。少しくらいは個人的な利害もあるんだろうけど、それをものすごく誇張してしまう。

耐震強度偽装の事件でも、ヒューザーが自民党にものすごい賄賂をつまかせてるみたいなイメージを持ちたがる。行政側の単なる怠慢じゃなくて、金をもらってるから怠慢になるんだろうというふうに思いたいんでしょう。伊藤公介（一九四一－　）だとか安倍だとかはきっとたくさんもらって

「住専」◎「住宅金融専門会社」の略称。元々は個人向け住宅ローンのために金融機関等の共同出資により設立されたが、バブル崩壊により多額の不良債権を抱えたため、一九九六年七月、住宅金融債権管理機構が作られ、6850億円の公的資金が投入された。

るに違いないと。いかにも〝資本主義体制の矛盾〟みたいな事件が起こると、それに関わってた自民党の議員は、個人的にも私腹を肥やしてるに違いないっていうふうに、すごくベタなイメージをもってしまう。

堀江（一九七二- ）の選挙応援の件では、武部幹事長（一九四一- ）にも恐らく、彼を応援することによってまわりまわって得られる利益はあったと思います。堀江人気を利用して、自民党を勝たせた実績によって、それで幹事長のポストに居続けることができるとか、それで、自分の地元でも票が集まってくるとか、武部後援会に政治献金が集まってきやすくなるとか、そういう間接的な利益はおそらくあるでしょう。そういうものも含めれば、「金で魂を売った」と言えなくはないかもしれない。ただ、そういうレベルで「魂を売った」と言ってもあんまり迫力がないから、左翼とか永田は、実際に個人のふところに入ったというイメージにしたかったんでしょうね。敵だからそういう汚いものであってほしいっていう願望を持ってるんだろうけど。

初めから「お金」は「みんなの信用」で成り立っている

仲正◉「金によって魂が汚れる」というイメージは、近代に入って、貨幣経済が本格的に始まった頃からずっとあります。たとえば、ゲーテ（一七四九-一八三二）の『ファウスト』（一七九七年）を虚心坦懐に読んでみると、あれ自体、貨幣の小説になってるんですね。最終的に、ファウストは魂まで売ったように見えて、実は売ってなかったから救われたという話になっている。最後はグレートヒェン、つまり「愛」、もしくは「永遠に母性的なるもの」によって救われる。本当は魂の一番奥までは汚れてないというイメージで救うんですね。普通、ゲーテの文学をやっている専門家はわりとそこをベタに理解するんです。要するに、永遠に母性的なるものによって本当は汚れていなかったファウストの魂が目覚めて救われる、と。でも、それについては色々な読み方ができます。たとえば、その〝救い〟は死にかけている老ファウストの幻想だったというのも充分ありうる話です。

これは『諸君！』（〇六年四月号）に載せたライブドア問題についての文章の最後のところにも書いたんだけど、ファウストはメフィストフェレスの力を借りて、帝国に紙幣を導入しています。歴史的には、兌換という前提で発行される銀行券としての紙幣っていうのは、ジョン・ロー（一六七一―一七二九）というスコットランド出身のフランス財政官が考案したモデルに従って発展したと言われています。フランスがルイジアナを植民地として持っていたでしょう。一八〇三年にナポレオンがアメリカに売ってしまうんだけど、その少し前の話です。その植民地を経営する株式会社の株を担保にして、フランス国内で紙幣を発行したんです。結構複雑な操作をやっていたわけです。最初はうまくいきそうだったんだけど、最終的には取り付け騒ぎみたいになって、誰も紙幣を引き取ってくれなくなって崩壊するしかなくなった。

「お金」っていうのは、「みんなの信用」がなくなると、通用しなくなります。デリバティヴとか株式交換とか、複雑なものが出てくる遥か以前から、紙幣っていうのは、絶対的な根拠のない「信用」によって通用していたんです。『ファウスト』の紙幣発行の場面だとこういうふうになっています。「凡そ知らむことを願うものには、悉く知らしめよ。この一枚の紙幣は千クロオネンに通用す。帝国領内に埋もれたる無量の宝をこれが担保となす。その宝は直ちに発掘して、兌換の用に供すべき準備整えり。」（『ファウスト』ゲーテ、森鷗外訳、ちくま文庫、6058-6063）よく考えたら、宝があるなんてことには根拠はないでしょう？　今ですら貴金属がどれだけ埋まってるかなんて本当のところはわからないというのに、作品の時代設定からすると、多分十七世紀くらいですから、そんなことは絶対にわからない。「ある」と私が断言するから「信用」しろと言い張ってるだけです。紙幣というのは最初から詐欺的なんです。現実のローの話で考えても、元々ルイジアナの植民地の会社の株を担保にしているのは、その会社が儲かっているという前提の話でしょう。その話を「信じ」ない人間にとってはただの紙切れです。米ドルに「In God We Trust」って書かれているのは有名な話だけど、象徴的な、王だとかその国の元首だとか、場合によっては、最終的に神の名によって流通に対する信用を担保するわけです。だから価値がないといえば最初からないし、信用自体が価値だといえば価値はあるわけです。

で、そういうのはまさに「錬金術」だと近代の文学者ゲーテは捉えたわけですね。中世末期からバロック時代にかけて流行っていた錬金術を、現代において復活させていると。錬金術っていうのは貧しい金属から貴金属を神の摂理に反して作り出す。だから卑金属が貴金属になった分だけ価値が無から作り出されたのと同じだ、と考えます。それと同じように、本来ならば大した価値のない紙を、「信用」というものによって――やはり神の摂理に反して――流通させることによって、価値を作り出す。つまりは、無からの価値の創造です。それは、ある意味「魔法」だと言える。ゲーテの『ファウスト』では、ファウスト博士は中世の錬金術師のファウストの息子という設定になっています。だから、ファウスト自身が「親爺は行跡に暗いところのある学者だった。自然や、神聖なる自然の種々の境界の事を、誠実が無いではないが、自分流儀に物数奇らしい骨の折方をして、窮めようとしていた。例の錬金術師の免許取のお仲間で、道場という暗い厨《くりや》に閉じ籠って、際限のない、むずかしい方書《ほうがき》どおりに、気味の悪い物を煮交ぜたものだ。」（同上、1034-1041）と告白をしている場面が出てきます。そこに今度はメフィストフェレスっていう近代化された悪魔が出てきて、紙幣というものを通じてファウストが権力に近付く道を切り拓く。

ゲーテの生きていた時代、十八世紀の半ばから十九世紀の最初っていうのは紙幣の流通が本格化し始める時代です。金融によって富を増やしていくことが当たり前になっていく。中世的な価値観を持っている人から見ると、神の摂理に反する錬金術なわけです。だから悪魔祓いをしないといけない、と。

戯曲『ファウスト』だと、ファウストとメフィストの正体がいったん暴かれるんだけど、皇帝たちも彼らを帝国から完全には追放できない。帝国の端っこの方の新しい貨幣資本によって切り開かれた開拓地の方に住まわせることにする。そして、教会は、ファウストがつくりだした悪魔の「富」の十分の一を教会に寄進させるということを皇帝に約束させる。帝国の宰相である大司祭も、貨幣経済を無に帰すという決断はしないで、自分たちの利益にしようとする。流通し出した貨幣は元には戻せないから。「実際に、受け取って走って行ったものを、支えることは所詮出来ません。稲妻のように駆け散りました。」（同上、6086-6087）というセリフがあります。宗教勢力もやっぱり貨幣というものは便利で、自分たちもそれのおかげで財力を保てると判断すると、それに依拠するようになるんです。そのようにみんながこぞって、「貨幣」の流通性にのっかるようになることが、古い、前近代的な価値観を持った人から見ると、どんどん悪魔に魂を取られていくように見えるということでしょう。この戯曲に登場する大司祭がやっているように、悪魔の業も神の御業のために利用しうる、というような理屈がつけられて、悪魔の業が正当化されていくのを見ていれば、どんどん悪魔に魂を売って黒くなっていくように見えてしまう。

申命記、トマス、ゲーテ、マルクス

■――全然関係ないですけど、ルター（一四八三―一五四六）の頃って寄進とか免罪符とか出てきますよね？　あの頃は貨幣経済って結構あったんですか？

仲正◉あれは要するに、フッガー家（中世ヨーロッパ最大の大富豪一族）の金銭に根ざした権力の問題です。ポイントは、この一族が教会や世俗の君主に対して力を発揮できる根拠になった「利子」を取っての貸し付けだと思います。「利子」を取って銀行業をやるのは、長いこと非キリスト教的な行為とされてきました。「申命記」には、「同胞には利子を貸し付けてはならない。銀の利子も、食物の利子も、その他利子が付くいかなるものの利子も付けてはならない。」(『旧約聖書』「申命記」23-20、日本聖書協会)という箇所があるんだけど、あれが根拠らしいですね。それをトマス・アクィナス(一二二五頃－一二七四年)が『神学大全』(一二七四年)でくり返す。そこから、公然と金貸しをやっていいのはユダヤ人だけ、という理屈が出てきます。その続きに外国人には貸してもよいと書いてあるんです。

■――でも「申命記」ってユダヤ教の聖典ですよね?

仲正◉そこは皮肉な話だけれど、ユダヤ人はキリストを十字架につけて呪われてるからいくらやってもいいっていうことになったんです。それで、シェイクスピア(一五六四－一六一六)の『ヴェニスの商人』(一五九六－九八年)のシャイロック裁判みたいなイメージが形成されていきます。ユダヤ人全部が金貸しをやっていたわけはないけれど、ユダヤ人は汚い商売をやっているというイメージが形成されるんです。汚い商売だけれど、経済をまわらせるには仕方がないから、嫌われ者のユダヤ人に必要悪としてやらせるという考え方がうまれたのでしょう。

ルターの時代、十六世紀だと特権化された商人が利子で儲けるようになり、もうちょっと経つと重商主義の時代になってきます。ゲーテの時代くらいになると、貨幣が一般庶民の生活くらいにまで入ってくる。そうすると、みんな悪魔に騙されてるってことになるんです。

だからマルクス主義は、貨幣の廃絶から入っていくでしょう。『経済学・哲学草稿』(一八四四年)

に、この世の神である貨幣を呪うシェイクスピアの『アテネのタイモン』(一六〇五年)の話が引用されていますね。マルクス主義の経済学では、使用価値と交換価値の話を強調して、生き生きした身体労働に根ざした「使用価値」が、市場での交換価値の結晶としての「貨幣」によって抑圧されるようになるという話をします。本来なら価値を持っていないはずの交換手段が勝手に自律化して、それが『資本論』(一八六七・一八九四年)の言い方だと、「幽霊のような対象性 gespenstige Gegenständlichkeit」を持ってしまう。人は、この幽霊のような対象性を受け入れてしまうことによって、実体がなく、霧がかかったようにもやもやした交換価値の世界に囚われていく。『資本論』に、物神性の話とか、貨幣が化け物のように「幻影=ファンタスマゴリー Phantasmagorie」を帯びるとか、その手の悪魔系・呪術系の話がちゃんと残っているところを見ると、やっぱりマルクスは貨幣を悪魔の業と見ていたのではないかと思います。

原始共産制社会は堕落する前のエデンの園

仲正◉マルクス主義がずっと使用価値の話にこだわっているのは、人間の自然の欲求、生き生きした労働に対応しないようなものが「交換価値」を持つなんてことは悪魔の業だという強烈なイメージがあって、悪魔の業だから悪魔祓いをしないといけない、みんなが目を覚まさないといけない、ということなんですね。それで、「共産主義の亡霊」が必要だ、という話になるんです。昔の『資本論』の訳だと、〈Gespenst〉を共産主義の「幽霊」だと訳しているのもあったけど、多分、「妖怪」という訳の方が人口に膾炙しているのかな。ドイツ語の原義からすると、どっちにでも取れます。「共産主義」という亡霊にしろ妖怪にしろ幽霊にしろ、普通の『共産党宣言』の理解では、単なる比喩だと思われているけれど、〝単なる比喩〟じゃなくて、マルクスの世界観・願望を反映しているのかもしれない。まだ貨幣による交換価値が支配していなかったような中世的な世界、まだ魔物がいるような世界に帰っていきたいという願望が妖怪として現われてくるわけです。共産主義社会というのは、メフィストフェレスのような貨幣悪魔じゃなくて、もっと太古の神話的な世界の魔物の住む世界かもしれません。

マルクス主義とロマン主義が深いところで似ているというのは、よく言われることですが、一番分かりやすい共通点は、まだ金が力を持っていなかったような、ものすごく古い世界に憧れを持ってるという点でしょう。金のない世界には、豊かな人間味あふれた関係性があったと美化して考える。原始共産制社会っていうのは、堕落する前のエデンの園ですからね。マルクス主義は「科学的社会主義」だといって科学の衣装を着ているけれども、やっぱりエデンの園に戻っていきたいっていう願望が底にはあるんです。

伊藤博文（一八四一－一九〇九）が憲法を作るときに教えを乞うたとされるドイツ・オーストリアの国法学者ローレンツ・フォン・シュタイン（一八一五－一八九〇）は若い頃、フランスに留学した時に、現地の社会主義者と接触して、社会主義についての本を書いてるんですけど、そこでは、情け深い王様のもとで労働者・職人たちが予定調和的に平和に暮らしていけるような、中世的な世界を理想として描いています。そのシュタインを通して、マルクスは「プロレタリアート」という概念を知ったとされているんですが、一八四〇年代のマルクスとエンゲルスが本格的に活躍するようになる前の社会主義のイメージっていうのは、そういう牧歌的な感じです。

マルクス主義は、宗教的な権威だとか伝統的な共同体の下でまとまるのはよくない、そういうものに根ざしているからユートピア的社会主義はダメなんだっていうことを強く主張して、自己自身を「科学的社会主義」と規定したけど、逆に言うと、マルクス主義があそこまで科学性を強調しなければならなかったのは、やっぱり元々の願望がロマン主義的なものだから、自らの革命への熱狂の根底にあるロマン主義的なイメージを否定しきれなかったからでしょう。所有さえなかった原始世界の方が幸せだったに違いないっていう、過去をものすごく美化するような思い込みのなかから出てきているから、それを否定することが重要になった。でも、先鋭化された社会主義者たちが、そういうロマン主義的願望から最終的に自由になっているとは思えないですよね。

貨幣的近代から古代への回帰願望は必ず崩壊する

仲正◉エルンスト・ブロッホ（一八八五－一九七七）という、ドイツのワイマール時代に活躍した、フランクフルト学派とも近い関係にある、ネオ・マルクス主義の思想家がいます。『希望の原理』

（一九五九年）という大著を書いた人で、少し前までちょっと左翼な独文学者に愛好されていた人です。戦後は東ドイツに移住してマルクス主義哲学者として教鞭を取っていたんだけれど、向こうでぶつかって西に亡命している。彼はすごく開き直ったマルクス主義者で、ドイツ農民戦争のときの終末＝千年王国願望のようなものと、マルクス主義を動かしている共産主義願望は、同じ無意識の内に潜在するユートピア願望に起因している、と明言していたんです。マルクス主義の根本における願望というのは、堕落した人間が、エデンの園のように、みんなのどかに平和に生きているような世界に戻っていきたいという願望だ、と言い切る。ブロッホは、そういうことを言っても、革命をやるということと両立すると思っていたようなんですけど、周りの左翼からはあんまり受けがよくありませんでした。でも、そういうロマン主義的な願望を左翼がずっと持ち続けているということは間違いないでしょう。

ゲーテの『ファウスト』の話に戻ると、貨幣の導入の手柄で大臣になったファウストが「古代の世界に戻りたい」と言い始めるんですね。ギリシア神話の美女ヘレナを自分の妻にしたい、と。そこで、ヘレナを連れてくるんじゃなくて、メフィストフェレスにヘレナがいた世界に連れていってもらうんです。理屈はよくわからないんだけど、ヘレナのいる夢のような、ぼやーっとしてる世界に行く。だから、タイムスリップみたいなことをして本当に行っているのか、幻想のなかに連れて行かれているのかよくわからない。とにかくそうやって古代に遡る前に、「古典的なヴァルプルギスの夜」っていうのがあって、そこにギリシア時代の妖怪が出てくるんです。ラミアだとかセイレーンだとか、メフィストフェレスよりももっと古い妖怪が。貨幣を導入する前にもヴァルプルギスの夜の儀礼がありましたが、そこに出てくるのは、メフィストが操ることのできる魔女や使い魔だけでした。

ギリシアの古い妖怪たちの間を抜けて、ファウストをヘレナの世界へ連れていくんだけど、そうすると非常に象徴的な話だけど、ヘレナとファウストの間に息子が生まれて、それがイカロスなんですね。めちゃくちゃな話ですけど、そのイカロスが天に向かって飛ぼうとして、墜落して死ぬ。何か象徴してるみたいでしょう。資本主義的な冒険心だとか、近代人的な共同体を突き破って発展していこうとする願望だとか、多分そんなもんでしょうけど。それに、「息子」だから、山羊さんの話のように、悪の精子が継承されたという連想も働きます。近代に汚染された精子を受け継いだ息子は死ぬ。そのため、ヘレナは絶望のあまり遠いところに行ってしまい、夢が崩壊して、ファウストは元の世界へ戻っていく。

僕がドイツに行ったときの先生だったヘーリッシュ（一九五一－　）という人は、このエピソードを「貨幣的近代からの古代への回帰願望は必ず崩壊する」ことを象徴しているというふうに解釈しています。（貨幣）悪魔の力を借りてもっと良い世界に戻ろうとしても、元々悪魔の力を使ってるんだから崩壊するように定まっている、というわけです。これを、共産主義に当てはめるとすごくわかりやすい。スターリン主義みたいに、「共産主義社会を再現するためだ」って言って、労働者を無理に働かせて工業製品＝商品の生産力を上げようとすると、資本主義よりもっと機械的・非人間的に生産効率、交換価値を追求するシステムを作り上げてしまい、理想が崩壊する。そういうふうに読むと『ファウスト』という作品は、一回貨幣の悪魔の魔力にとり憑かれてしまうと、そこから「逃げ出している」つもりでも、貨幣の力にどこかで頼っているせいで、かえってファンタスマゴリーの魔力に更に深く取り込まれ、蟻地獄のように深みにはまっていくという話にも読めるんです。

ホントは金で買ってほしいと思ってるんじゃないの？

仲正◉これは、ホリエモン批判をして、自分は金が全てだとは思わないなどと、中学生のように幼稚なことを言っている人間に当てはまる話です。新自由主義批判をやっている人たちは、「金さえあればできないことはない」というホリエモンの言説にかみついてるけど、あの発言の何がそんなに問題なのか私にはわかりません。「金で魂は買えない」と本気で確信しているんだったら、ホリエモンたちには勝手に言わせておけばいいじゃない？　何で、いちいち気にするのか。現実問題としても、ホリエモンが一生懸命「金で買えないものは無い」って言っても、現時点では、法律上の制約でどうしても買えないものはあるでしょう。人の命とか、武器とか、公共の場所にある土地とか。
金で買えないものがあるとかないとかいうのは、それこそ「心の問題」であって、そういう価値観を持つのは勝手です。金では買えない清い魂を持っているはずなら、他人の拝金主義の言説でその清さが犯されたと過敏に騒ぐ必要などないはずでしょう。ああいう発言で何かが穢されたと思うのは、実はそう言っている自分自身が金に汚染されていて、魂を金で売ってもいいという気持ちがどこかにあるからじゃないですか？　ホントは買ってほしいと思ってるんじゃないの？

■――勝ち組／負け組をやたらに気にする人もいますよね。

仲正◉左翼系の人は政府を批判する時の枕詞として、「最近では、『勝ち組』『負け組』とよく言われていますけど」と言いたがりますが、そういいながら自分で「勝ち組／負け組」を広めているとしか私には思えません。左翼連中の否定発言と、バラエティで女優さんや芸人さんたちが自嘲的に言っているのが、人口に膾炙しているだけなのではないかと思います。バラエティじゃなくて、政治や経済に関する真面目な討論番組に出てくるようなどこかの一流大企業の社長が、「私は勝ち組です」なんて言うはずがないですよ。仮にそういう型破りの財界人が出て来たとしても、その台詞を聞いている自分自身が金に価値をおいてないんだったら、全然気にならないはずです。僕はあんまり気にならないな。

■――当然、私もそうですが、金で言ったら仲正さんは「負け組」になるかもしれないですね（笑）。

仲正◉新聞の世論調査で、年収七五〇万円が安定した生活かそうかでないかの分かれ目の基準だというのがありましたが、そこで切ると、僕も負け組でしょう。新書などを書いた時にもらう印税を足しても、そこまでいかないかもしれない。結構、自腹で上京して、タダの仕事をしたりしているから、その印税の分もかなり消えていきますよ。バラエティなどに出てくる若い素人女性が言うような「年収一千万以上の人でないと結婚できない」という基準をマジで当てはめると、私も四十すぎても固定給六百万円台で低迷している負け組なので、結婚相手が見つからないということになるかもしれない（笑）。少なくとも年収一千数百万円保証してもらって安定している私大教員のちょいサヨク連に、勝ち組の味方呼ばわりされる覚えはないですよ。

いわゆる「勝ち組／負け組」言説を批判する左翼連中は、まるで「勝ち組」が「負け組」を足元にひれ伏させて、優越感に浸りたがってるような言い方をするけど、そんなことあるのかなあ？ 十九世紀の資本家と労働者のカリカチュアだったらまだわかりますけど。資本家主催のパーティみたいなところへ行くと、ものすごく下品な成金趣味みたいな装いがこらしてあって、金を儲けて勝ち組になった人間が、そこにたまたま迷い込んだ労働者階級の貧しい若者を見下す。そんなのは、十九世紀を舞台にしたハリウッド映画とか、戦前の華族社会を描いた邦画でしか見ないシーンです。そうした「太った資本家」のイメージと、資本主義はゼロサムゲームだっていう妙な前提がありますね。

■――ゼロサムゲームというのを説明してもらえませんか？

仲正◉マルクス主義で言うところの「搾取」率の話です。資本家の利潤が上がってるからには、必ず労働者に対する搾取率が上がっているはずだ、という議論をしていたでしょう。素朴な労働価値説では、労働者の肉体労働以外のところから価値が生まれるということはあり得ないから、利潤があがるということは、労働者からの搾取率が高まっているはずだ、ということになります。そんなに国内の労働者が搾取されていないのに利潤が上がっているとすると、第三世界の人間が搾取されているはずだ、ということで帝国主義論が出て来る。新自由主義批判をやっている人たちは、企業の経常利益が改善しているのに一般の労働者の生活がまだ貧しいことを、搾取率の上昇と見ているんでしょうね。

最近だと、派遣労働者やフリーターが搾取されていることになるのかな。確かに正社員数を抑えることで、人件費をカットして利潤を上げている企業は多いでしょうが、だからって、そういう企業が儲かって儲かってたまらないでいる、経営者たちは贅沢をしていると短絡的に決め付けるのは左翼的思い込みです。個別の企業ごとに、派遣社員・フリーターの割合の増加と、経常収支の変化、抱えている負債の増減、役員報酬などをきちんと調べて、「だから、搾取率が上がっている」と証明してくれるのならいいけれど、サヨク連中は、そんな細かいことはやらないで、企業全体の収益の改善と、派遣労働者とフリーターの生活実態をイメージ的に結び付けて、勝ち組が負け組を搾取しているかのような言い方をする。収益が改善してもまだ多額の借金を負っている大企業は多いはずです。株主に対する配当が多すぎる、もっと労働者に回せ、という左翼もいるけど、株をやっているフリーターや派遣労働者だっているでしょう。そう簡単に、昔の「搾取する者／される者」という図式は当てはまらないと思います。

■――統計上の数字を擬人化してイメージするわけですね。

仲正◉サヨク連中は、資本家の側にまわって金を儲けている人間は、格差社会のなかで「下の人間」を見下して、これみよがしに、「俺は勝ったぞ」と言って笑っている、というイメージを描きたがりますが、そんな『白い巨塔』とかトレンディ・ドラマみたいな話がしょっちゅうあるとは思えません。酔っぱらって、人と喧嘩でもしない限り、「私は勝ち組でおまえは負け組だ」なんて口にすることはまずないでしょう。

「痛みを伴う」と言っても、あまり痛まない人もいるのは当然

仲正◉さっきも言ったように、企業は収益を改善するために、減らせる人員をなるべく減らして、フリーターなどの非正規雇用でまかないたいと思っているだけで、別に「負け組」の数を増やして、搾取率を上げたいわけではありません。リストラをやれば格差が広がるのは当たり前です。リストラした分だけ、新しい産業が興ってなかったら、フリーターに留まる人はいるでしょう。でもそれは小泉内閣が「痛みを伴なう」構造改革・規制緩和を始めると言った時点で、折りこみ済みになっていた話のはずです。リストラをすれば必ず失業者が出るし、それが全部吸収されるという保証はありません。「痛みを伴う」って言う時、別にみんなが同じように痛むはずはなくて、あまり痛まない人も、ひどく痛む人もいるでしょう。「人間は経済的に全面的に平等でなければならない」っていうような極端に社会主義的な発想に基づいて小泉改革に反対する共産党なら、「黒字になっている企業が多いのに、フリーターが搾取されるのはおかしい」と主張するのはある意味仕方のないことだけど、「痛みが伴なうのは仕方がない」と思っていったん小泉改革を支持していた人たちが、

年収の「格差拡大」を根拠に、小泉改革は失敗だった、と言い出すのはヘンです。

社会主義経済じゃないんだから、みんなが同じ割合で痛みを分かち合い、同じペースで回復するなんてことはあり得ないでしょう。情緒的なことを適当に言うんじゃなくて、景気がバブル以前の状態に回復しても、親子代々非正規社員としての人生を運命付けられるような人がどのくらいいそうなのかということをきちんと調べたうえで、本当にカリカチュアの資本家みたいなことをやっている大企業の経営者がいたとしたら、法律で強制的に是正することも考える必要はあるでしょうが、よくテレビがやっているような、ヒルズ族の社長の生活と、結婚できないフリーターの若者の貧しい下宿を対比的に映し出すというのは、ネタ作りとしか思えません。まあ、ベタにサヨクな人たちは、大企業での「搾取率の上昇」が証明できなかったら、共産党みたいに、中小企業から搾取していると言うでしょうけどね。

「負け組」を増やしたら資本家が太って喜ぶみたいに左翼の連中は言いたがるけど、でもそんなに貧しいフリーターや派遣社員ばっかりになったら、消費が低迷するから、「勝ち組＝資本家」も困るはずです。肝心の商品が売れなかったら、それ以上搾取できない。まさか役員以外を全員日雇い労働者にして、十九世紀的な搾取をするようになる、というわけでもないでしょう。企業は景気が悪くなったらリストラをするものだけど、じゃあリストラさせないために政府から金を注入するのか、リストラされた人を公務員として雇用するのかというと、それはもっとダメだって言う。公務員を減らすことは無条件で「正義」だということ——本当は労働組合が反対するけど——になっているし、銀行や大手百貨店、ゼネコンなどに公的資金を投入するという話になると、「勝ち組」にもっと金をやるのかということになりますから。

何年か前まで金子勝さんとかサヨク経済学の人たちは、ダメな銀行・金融機関に公的資金を投入して生き延びさせようとする政府の態度を批判していたけど、厳密な資産査定をして、破綻すべきものを〝自然と〟破綻させちゃったら、失業者は余計に増えます。その中のいわゆる「勝ち組」タイプのキャリアの人だったら、簡単に転職できるかもしれないけど、大部分はしばらくの間、フリーターとか派遣社員とかにならざるを得ません。ちゃんと財務査定して、ダメな企業はダメだって引導を渡せば、そのダメな企業にいたそれほど特殊な能力を持ってない人が失業者になるのは当然の成りゆきです。なのに、フリーターや失業者が増えすぎると、「格差社会だ！　下流の若者は希望を失って、自分で自分の首を絞めるとも知らないで、小泉・安倍ファシズムを支持するようになる」と言い出す。共産党が昔から言っているように、共産主義社会になれば、全ての企業は「みんな一生懸命汗水流して働くいい企業」になるから、自然と無駄はなくなるとでも考えているとしか思えません。

「貧乏人の子よ、努力しても無駄だ」なんてマルクスでさえ言ってないヘンテコ話

■――何だか、悪魔がどこかで足を引っ張っているみたいですね。

仲正◉貨幣の化身みたいな、ゲーテの『ファウスト』にも出てくる金の神のマモンが、「勝ち組」の連中を操っているようなイメージですね。モーセ五書の言い方で言うと「金の子牛」(『旧約聖書』「出エジプト記」32)です。モーセが神の預言を聞きに行って留守にしている間にイスラエル民族が金の子牛を偶像として崇め奉ってて、それでモーセが怒って子牛を壊すという話があるんだけど、あれ、よく考えたら別に金の子牛を壊す必要はないですよね。

■——その話は、「象徴的なもの」があってはいけないということですか?

仲正◉黄金の子牛が人々の欲望の象徴になっているからでしょう。僕は、象徴としての金の子牛があっても、そんなに不快に感じて気にすることもないと思います。元々魂が穢れているから金の子牛を崇めてしまうんであって、子牛があるから穢れるわけではないでしょう。軽薄な東大生とかがホリエモンを崇めるのも元々穢れているからです。マスコミや民主党は、ライブドアに投資していた人たちが「堀江に騙された」って言うけど、騙されるのは魂がもとから穢れているからでしょう?「金で買えないものはない」っていう彼を〝信用〟していた人たちが、損して学習してくれたのだから、拝金主義を批判する左翼の人にとってはむしろ喜ぶべきことです。これも『諸君!』に書いたことだけど、堀江と武部幹事長が親しいからといって、ライブドアに政府保証があると思ったような人間は損をすべきです。そういう人間はホントに魂が穢れてる(笑)。

大事な年金をライブドアに注ぎ込んでしまったからといって代表訴訟を起こすのはご当人の勝手ですけど、そういう人は、拝金主義批判の佐高信(一九四五－)や内橋克人(一九三二－)の〝議論〟からすると、魂が穢れてるんでしょう。民主党にしろ、社民党にしろ、ホントに公正な社会を実現したいと思ってるような野党だったら、そんなことで政府保証があると思うような不埒な人間の味方をしちゃいけない。テレビのコメンテーターでも「いやあ、武部さんが応援したせいで株買っちゃった人もいるんですよね」とか未練がましく言ってたのがいましたね。武部はアホだけど、あんなことで信用するようなバカな株主は損をすべきです。ほんとに自分が一生懸命稼いだ金、虎の子の年金なるものを、あんなパフォーマンスを根拠に投資するような人っていうのは、どれだけ金を持っているかは別にして、目が曇ってて、魂が穢れてる。穢れてるくせに、穢れた世界のなかで生きる術をちゃんと学んでない。それは「勝ち組」願望を抱いてる中途半端な人間です。「勝ち組」になりたいというような不埒な欲望を持つような「負け組」人間は、トレンディドラマでよくあるように「勝ち組」から罵倒された方がいいですよ。

■――「勝ち組」になりたきゃ、もっと悪くなれということですか。

仲正◉どっかの道端でたまたまあった昔の知り合いに、「負け組」呼ばわりされるというようなドラマみたいな経験をして、憤慨するのならわかるけど、「勝ち組の連中は潜在的に俺たちのことをバカにしているんだろ」と勝手に考えて卑下するような人間っていうのは、根性が歪んでいます。そもそも、ほんとに生活が大変だったら、そんなことをいちいち考えて悩み込んでいるとは思えません。

サヨク連中は、マルクス主義の搾取論の延長はもうやめにして、「格差が開いている」ことを問題にするんじゃなく、生活があまりにも苦しくて、市場での競争の入り口にさえ達することができないくらいの人が増えていることの方に焦点を当てるべきでしょう。ロールズの格差原理みたいに、貧困な人も含めて全体の利益になるのなら金持ちにもっと儲けさせてもいい、という発想に転換するべきです。みんなで貧乏になってもいいから、平等にしていこうというのは、スターリン主義どころか、カンボジアのポルポト政権のような発想です。

競争できるような状態にはない人が増えているから、機会平等を保証することが必要だということで、セーフティネット論が出てきているはずだけど、斎藤貴男のような、講演活動でけっこう儲けているはずのチョイ左翼が「機会不平等」という話を無節操にどんどん拡張していって、いつのまにか、下層の子は環境が悪いからやる気になれないというような環境決定論にしてしまった。親が貧乏だから、子供が勉強して社会的に上昇する気力を失うなんて原始的なことは、マルクスでさえ言ってないですよ。そういうヘンテコな話をサヨク連中はマスコミで大々的に宣伝しています。僕には、サヨク連中こそ、「貧乏人の子よ、努力しても無駄だ。君は搾取されるだけだ。搾取されるための勉強なんかやる必要ないんだよ」と余計なお世話な宣伝をやって、下流化を促進しているように見えます。「一流の進学塾にいく金がないので、東大に入れない」という言い分はふざけていますし、金持ちの家に生まれて、一流の進学塾に通えたおかげで、東大に入れたという程度のインチキ・インテリを羨ましがる必要はないでしょう。そんなのは、金魚鉢から出られない哀れな存在だと思っていたらいい。そう思えないのは、自分の魂も穢れている証拠です。

経済評論家やジャーナリストは、とにかく何でもいいから反政府的なことを言って自分の金もうけのタネにするつもりじゃないと言うのなら、「セーフティネットさえちゃんとしていれば、格差自体は問題じゃない」とはっきり言うべきです。資本主義を認めて貨幣経済っていうのは別に悪じゃないという前提に立った上で、政府の政策を批判してるんだったら、現実に食えてない人がどのくらいいるのかをまず問題にすべきじゃないでしょうか。学校の教材費の補助の話*は、新聞報道にもあるように、必ずしもその家庭の生活実態を反映していないでしょう。私のように、飲む打つ買う、とほとんど無縁な人間からしてみれば、飲み屋とかパチンコ屋、風俗などで月万単位で消費しているサヨクくずれの人間が、「下流だ、辛い」とうそぶいているのはふざけた話です。

実際には、そういう偽貧乏人ばかりじゃなくて、本当に困っている人も確実に増えていますが、だからこそ搾取論的に上ばっかり見ないで、ホントに食えない人たちだけを問題にすべきです。サヨク商売をやってジャーナリズム的に儲けている連中は、自分よりも上がやたらと気になるんでしょうけど。

サヨク連中は、ホリエモンを金の子牛を作った邪教の教祖みたいに言っていますが、ホリエモンがいたおかげで、ライブドア傘下の企業で働ける人もいたわけで、彼が「勝ち組」をやってくれてたおかげでその下でこき使われてる人間は、こき使われてるとしても少なくとも純粋な「負け組」にならなくても済んでいた。森内閣の頃に「新しい産業としてＩＴが有望だ」って言ってたしね。ＩＴであういう人たちに「勝ち組」になってもらわなきゃ雇用は増えません。リストラする産業ばっ

* **「学校の教材費の補助の話」**◎二〇〇六年二月六日、七日の衆院予算委員会で民主党・前原誠治議員（当時民主党代表）が提示した「就学援助率と学力の関係」グラフをめぐって起こった議論。就学援助率が上がるにつれて学力が下がっている（東京二十三区、小学五年生）ことが明示され、「格差の再生産」が進行していることが指摘された。

かりで、ITの方に人が行かなかったら余計に格差が広がります。ああいう連中が思う存分儲けてることによって、失業しないで済んでいる人もいるかもしれないでしょう。

ああいう連中がいるおかげで失業しないでも済む人が失業したという具体的な因果関係があれば、ホリエモンに象徴されるような「勝ち組」政治を批判することに正当性はあると思うけど、さっき言ったように、すごく情緒的に、搾取率に基づく貧困増大の法則みたいな感覚で、あいつらが儲けている以上は、多分貧乏人がどっかで労働力を吸い上げられているんだろうというような、ものすごく適当なイメージで騒いでいるのはおかしいんです。個別に見ていったらホリエモンのおかげで損をした人もいるでしょうし、得をした人もいるでしょう。ちゃんと精査して考えるべきです。

保守系でも、『国家の品格』(新潮新書、二〇〇六年)の藤原正彦(一九四三‐)とか、ゴーマニズムの小林よしのりは「昔の資本主義には武士道の精神や惻隠の情があったけど、新自由主義は単なる弱肉強食だ」などと言っていますが、惻隠の情で無理に身内を守ってやろうとするから、談合したり、ゼネコンに無駄な公共事業を受注したり、天下り先を確保しようとしたりするんでしょう。武士道で、違法行為をした身内を守り抜くという考え方もできますから、そんなものは全然当てになりません。右も左も、「私たちのように人情味あふれる者が世論をリードしないと、日本はダメになる」と、同じように自分を売り込んでいるように見えます。善意で無自覚的にやっているのかもしれませんが、そういう天性の売りこみ上手にはかないません。水戸黄門をしっかりやって、カンタン系好きの観客を満足させてやってくださいと言うしかない。

著者近影◎「アイロニーでも弁証法でもいいけどさ……」とおだやかに語る仲正氏

附録

対談◎小阪修平「全共闘と新興宗教」

『宗教を読む』（情況出版編集部、情況出版、2000年）所収

小阪修平プロフィール◎一九四七年岡山県生まれ。東京大学中退。七九年から執筆活動をはじめ、哲学・思想を中心に幅広く評論活動を展開。難解に陥りがちな哲学を、水準を落とさずに平易に解説するスタイルには定評があり、哲学ブームのきっかけをつくった。『非在の海』（河出書房新社）『イラスト西洋哲学史』（宝島社）『自分という「もんだい」』（大和書房）『現代社会のゆくえ』（彩流社）『そうだったのか現代思想』（講談社＋α文庫）など、著書多数。

小阪◎今日は仲正さんから、新左翼と宗教というテーマで対談しないかというお話があって来たのですが、話の出発点として、仲正さんが学生時代に原理研究会（統一教会学生組織）にいたということがあります。

僕が大学に入ったのは六六年ですが、当時大学のなかではあまり宗教という視界はありませんでした。僕自身の経験でいうと、高校生だった頃に、一度だけ、面白いところがあるから来てみないかと変なお姉さんに電車の中で話しかけられて、当時は僕も宗教には結構興味があったので、原理のホームへついて行ったことがあります。『原理講論』の最初の方、原罪論を聞いて、なんだか嫌なイメージだなあと思って、それでもう行かなくなった。ご飯にカステラを混ぜて食べているような悲惨さみたいなものが見えました。僕の原理との関わりはこれくらいなのですが、仲正さんが大学に入ったときの状況とか、最終的には言語化されえない領域も含まれるかもしれないけれど、仲正さんが原理という形をとった宗教的なものに摑まれた理由、それから、仲正さんは今左翼的な立場をとっていると思うので、それとのつながりをお聞きし、八〇年代一般、そして現代の問題に入っていきたいと思います。

仲正◎僕が大学に入ったのは八一年で、入学してからすぐ勧誘されて、ワークショップに出て、「入教」しました。この時期に統一教会に入った人間は、タイプとして左翼になる層とかなりかぶっていたと思います。実際、そのころの東大の原理研の責任者は――もう学生ではなかったのですが――どこかの新左翼セクトで一年間くらいやっていた人だったし、それ以外にも左翼に行くか原理に行くか迷ったという人が相当いた。僕自身、高校生の頃までは、共産主義かキリスト教かという方向で関心を持っていました。

自分でもなぜかわかりませんが、子供の頃に聖書をぱらぱらと見ていて、カインとアベルの話に関心を持ってしまった。創世記のアダムとエバの話しのすぐ後に出てくる、神は、羊飼いであった弟アベルの供え物は受け取られたが、農夫であった兄カインの供え物には見向きもしなかった、というあの話です。僕のイメージでは、アベルというのはフワーッとした感じの善人、いわゆる「お人好し」で、みんなに好かれ、神からも信仰者として認められる。ただし、「苦労知らず」。それに対してカインは、左翼的に言うと、「プロレタリアート」的なイメージの人間で、一生懸命やっているのに、ひがみっぽくって、周りから敬遠されがちで、神にも認められず、その恨みから弟を殺してしまう。自分のまわりの人間の類型を見ても、アベル的な善人タイプと、やたらと苦労をしているのに報われず、だんだん恨みがましくなっていくタイプがいる。この話を読んで、キリスト教というのは本当は差別の宗教ではないかと、ずっと気にかかっていた。

僕が原理研に入ったきっかけは、原理研で一番最初に会った人間に、「カインとアベルの話を知っていますか、よく考えるとキリスト教は差別の思想ではありませんか」と言われたことです。まさに自分もそう思っていたので、惹きつけられたのです。

僕が高校生の頃に持っていたイメージは、キリスト教はアベルの型、つまり結局は苦労知らずの善人の思想で、マルクス主義はカインの型、つまり恨みを持っている人が自分を解放するための思想だというものです。僕はどちらかというと左翼に行く性質だったと思うのですが、小学校に入って物心ついた頃（六九年前後）から、左翼についてては、安田講堂、よど号、浅間山荘、クアラ・ルンプール、テルアビブ……と、暴力、内ゲバのニュースばかり聞いていた。「解放」するというのは、内ゲバで殺人するのも「義」とされるような「世界」に入っていくことかもしれない。「解放」とはひょっとすると、いったん、我々が現在身につけている「人間性」を破壊しないと成立しないのかもしれない。それは、あまりにも「恐い」。しかし、キリスト教の、肉体的に迫害を受けるが、「精神」だけは救われるという世界にもついていけない。じゃあどうすればいいのだ、と思っていた時に統一教会に出会った。その両方を統一するところが統一教会だと言われて、なるほどと思った。

左翼の思想にはどうしても納得できないところがあった。今、存在している人間は、あれが欲しいこれが欲しい、と無限に欲しがり続ける、個人的な「欲望」を持った、いわゆる資本主義的な人間であり、共産主義的に「全てを共有する」ようなタイプの人間とはものすごいギャップがある。それが、「革命」というような一時的な集団行動で果たして埋められるものだろうか、という点にずっと関心をもっていた。統一教会によれば、共産主義は、「解放」されたいと願う人間の心に内在する「ルサンチマン（恨み）」の問題を浮上させたという点で歴史的に重要な役割を果たしており、そこは無視できないが、「恨み」

を持った人間であることを乗り越えようと思ったら、革命とか解放の論理では無理なのだ、「乗り越えられない」のだというのです。統一教会は、その問題を「解く」ことに主眼を置いているという。僕もまさにそういう関心を持っていたから、統一教会に入ってしまった。あの頃、特に七〇年代から八〇年代前半にかけて、左翼の中でも同じように感じた人が統一教会にけっこう来ていました。あの時代には、左翼的な心情の人達が、統一教会に惹きつけられることには、わりと必然性があったという感じがします。

小阪◎カインとアベルの話は基本的な世界イメージの問題であり、興味深い寓意を提示していますね。しかも単なる善悪二元論ではない。それと絡んで、共産主義運動とルサンチマンの関係や、原理の側から見た左翼の欠落点という問題も仲正さんは提起されたわけです。

僕が伝え聞いたところでは、当時の東大で活動的な学生は、むしろ原理と緊張関係にあったのではないかと思います。その辺を話してくれると、世界像の問題から原理への通路が見えてくる感じがするのですが。

仲正◎「反原理共闘」の連中のことですね。彼らからはよく、「お前は原理をやめて、こっちに来た方があっている」と言われていました（笑）。原理の立場から見ると、左翼は下部構造――当時の、狭い意味での「下部構造」――だけを問題にしていた。だから彼らに対してはいつも、「人間のルサンチマンは革命では解決できない。制度を変えても、人間の体質が変わらなければまた同じことをするだろう、だからスターリン主義になるんだ」と言っていました。すると反原理をやっている新左翼の連中は、「スターリン主義には俺たちも反対しているんだ」と言う。じゃあ、「疎外論」に至る以前の青年マルクスの「恨み」の問題みたいなものをどう考えるんだと聞くと、それを「解決」できるとは彼らも絶対に言わない。これは全共闘から引き継がれていた論理だと思うのですが、人間のエゴイズムやルサンチマンは仕方がない、人間の矛盾を「矛盾」として抱えたまま革命をやればいいんだ、という言い方をしていたと思います。

原理の側にいる人は、いやそれは解決すべき問題だ、そのままで生きているのは「気持ちが悪い」という発想の人たちだった。その気持ち悪さは新左翼も共有していたと思いますが、（現代思想的に）大文字の歴史＝物語という視点から整理して言えば、新左翼は「物語」を「完結」させるつもりはなく、むしろ余計にぐちゃぐちゃにしてやろうとするけれど、「完結」させないと気が済まない人たちは、原理に行ってしまう、ということではないのでしょうか。

小阪◎すると、イデオロギー性という言葉――いろいろな使い方がある言葉ですが――を、言説によって観念的に世界を所有しようとする態度と定義すれば、古典的な左翼から、むしろ対抗宗教の側にイデオロギー性が移動していたと理解できるかもしれない。僕は矛盾は矛盾のままかかえこんでいこうという側もよく分かるんですが、もう少しきちんとしたい仲正さんの場合なら、仲正さんの中のイデオロギー性にすごくこだわる要素が原理の教義と感応したのだと。

●イデオロギー運動としての統一教会

仲正◎それでいいと思います。例えば当時の統一教会の副会長などは、もともとクリスチャンで、大学で哲学を学んで、中核派に行き、それから統一教会に来たという、まさにイデオロギー性にこだわるタイプの典型でした。彼は説教等の中で、よくキルケゴールと初期マルクスの連関について、かなり理論的に解説していました。

キルケゴールと初期マルクスの二つは、当時の僕のイメージの中でもすごく結びついていました。つまり、神に裏切られたという「原体験」のようなものを持っている点です。神は「差別の神」ではないか、世の中の差別をどうするのだと真剣に考えて、「絶望」し切った人間たちの一方が、キルケゴールの「逆説弁証法的」な世界に入り込んでいき、他方は左翼に行って、「対抗宗教」的な役割を果たすようになる。しかし唯物論的な革命によって、キリスト教でいうところの「終末」を左翼が勝ち取ろうとしても、どうしてもうまくいかない。アベルの側に対してカインの側で闘っても、勝てない。それが統一教会の教理であり、当時の僕の考え方でした。

イデオロギー運動としての統一教会は、「自分たちは基本的にはアベル側だけれども、表面的な二項対立のレベルでのアベル側ではなくて、左翼のルサンチマンの理屈もわかったうえでのアベル側なのだ。一段階上のレベルで、終末を取ってしまうのだ」ということを掲げて登場したのだ、と考えると分かり易い感じがします。

小阪◎それだけで聞くと、できあいのヘーゲル主義という気がしますが……。できあいというのは、正・反・合という形式的な弁証法でとらえられたヘーゲル「風」の説明ということですが。キリスト教の一派としての統一教会が、カイン的要素も統合できると言い出した思想的メカニズムや、その核心は何だったと思いますか。

仲正◎統一教会は、その鍵は聖書にある、聖書はよく読むと生々しい恨みの世界が綴られているのだと言います。失楽園の話の蛇は実は天使長で、自分が人間より劣ったものとして作られていることの恨みからエバを誘惑して、性的交わりを結び——これは異端のキリスト教ではよくある解釈らしいのですが——、エバを通してアダムまで悪の側へ引っ張ってしまったのだ、と。善人の信仰者を、疎外されて恨みを持つ者が殺してしまうというパターンはその後も続き、カインとアベルの話もそうだし、新約でもキリストは最終的には身体的に殺されている。その繰り返しで失敗してきたのが、キリスト教の歴史なのだ、精神による救いではまずいのだ、旧約・新約とあるけれども、聖書の物語はまだ完成していない、これから我々の教祖の歴史で「成約」聖書が完成するのだと。

教祖がメシアだという話は、僕もすごく抵抗があった。でも、「旧約はカイン側がアベル側を殺して終わり、新約はアベル側のイエスが途中まで行ったのだけれども失敗した、我々の教祖の生涯を通して成約が完成するのだ」という、教祖の生涯をイエスの生涯になぞらえた物語に納得してしまったのだと思います。

小阪◎新約聖書というのは、本当に心の「捻じ曲がった」人が書いた本ですね——その契機があったからこそキリスト教は普遍化しえたのですが——。僕は吉本さんの『マチュウ書試論』を通じてこのことがわかったのですが、右の頬を打たれれば、左の頬を差し出せというのは、相当、心が捻じ曲がる過程を経ていないと言えない。

仲正◎捻じ曲がっていると思います。「左の頬も差し出せ」と、戒律として言われればできないことはないけれども、腹の中では収まらないですね。キリスト教は、そういう状態で救われるのだと言うけれども、統一教会は、生身の人間は恨みつらみが残るのだ、キリスト教の時代には神の摂理がちゃんと見えていないからそういう不自然な話になったんだ、我々はそれを完成させて、わかる話にしていくのだと言う。

たぶんここも大事な点なのですが、統一教会の活動を——まさに恨みつらみが溜まるような活動ですから——嫌になってやめたいと言い出す人は当然出てくるのですが、「いや、それを克服するために我々はやっているんだ」という論理で説得され、引きとめられる。

小阪◎それはどこにでもある言説、とまではいえないかもしれませんが、連赤（連合赤軍）の中にもあった論理ですね。

自分を被害者――貧しいものと言い換えてもいいのですが――の立場に置いた心情の論理と、パウロを通じたギリシア化ということが、キリスト教の普遍性を成立させている二つの契機ですね。虐げられた心情の方に自分を極端なところまで広げておいて、それをまた合理化していくというプロセスです。でもキリスト教にはもう一つ、黙示録に代表されるような終末論を呼びこんでいく系譜がある。例えば、アメリカなどの過激なキリスト教は必ずキリストの再臨を掲げ、終末論を呼びこんでいく。原理の場合もそれと重なる部分があるんじゃないですか。

仲正◎それも特徴だと思います。世界の不合理を神の義（神義論）ということで合理化・正当化する「普通のキリスト教」の方向と、この不合理な世界全体が「終末」に向かっているという終末論・黙示録の方向とはなかなか結びつきにくいのですが、統一教会はそこのところを――うまく行っているかどうかは別として――結び付けようとします。カインとアベルの話から始まって、倫理の教科書に出てくるような思想家・宗教家を網羅してカイン側思想とアベル側思想の分布図と、それに対応して歴史の発展図を作って見せて、この全体を見渡すと、ある一点へと、つまり「我々の思想」へ収斂してはいないか――まさにヘーゲル的ですが――というのです。カイン側の代表選手はすでにいる、アベル側の代表選手はこれから出てくるはずだ、今のキリスト教はそれにはなれない、我々がそれなのだ、という形で。なぜ不合理があるのかという神義論的な論理の体系と、終末論的に収斂していく物語の間に整合性を持たせようとする。

左翼を経て統一教会に来た人たちには、革命をやっても自分たちがスターリン主義になってしまうだろうという絶望感の裏返しとして、そこを飛躍させてくれる何か――現代思想っぽくいうと「他者」とか、「外部」の力――の介入が必要なのだという感覚があった。左翼運動は、あくまでも現存の人間社会における「対立」関係の中から、「外部」に突き抜けていく視点を――それこそヘーゲル弁証法的に――獲得しようとしてきたわけですが、統一教会に行くようなタイプの人は、社会内のどろどろした関係それ自体をいくら引っ掻き回しても脱出への糸口は見出せないという認識から、それを超えた外部に「超越的な審級」を発見しようとします。では、そうした「外部の超越的なもの」とは一体何なのか、ということへの一つの答えとして、統一教会を含めた終末論的な体系を備えた新興宗教が存在したということではないでしょうか。現実に存在している人間社会が「終わる」局面で、超越的な力が純粋な「外部」から介入して、そこから「新しい物語」が始まる、という構図です。左翼思想だと——本当は超越的な審級がどこかにあるはずなのだけれど——開き直って、いきなり「外部」に超越するのは、難しいですね。

●通路としての「身体」

仲正◎オウム真理教でいま幹部になっている連中の多くは僕と同じ年代です、上祐は同学年のはずです。僕が大学を卒業して、まだ一年間、東大の原理研のホームにいた頃、後にオウムの法皇官房のトップになった東大医学部の石川君と話をしたことがあります。オウムと統一教会は今から見るとだいぶ違うのですが、その時は、彼などはタイプとしてはそんなに違わないという印象を持った。双方とも自分はエゴイストだから東大に入れたのだというコンプレックスの裏返しみたいなものが強いんです。彼の場合、エゴイストな自分が（人のための学問である）医学を勉強しているのを、正当化してくれるものは「何」なのか求めていて、オウムの思想に遭遇したのだと思います。

小阪◎オウムの修行が、自分が医学をやっていることを正当化する絡みはちょっと見えないな。石川君は何年くらいからオウムにかかわったんだっけ。

仲正◎八九年くらいのはずです。

小阪◎オウムや統一教会における身体的な修行の問題は、古典的左翼の解体から全共闘、そして八〇年代におけるオカルトブーム（宗教を含めて）への展開の必然性という問題と絡んでいると思います。

僕は六六年に、解放派の指導者がやっていた『経哲草稿』の学習会に一度だけ出たことかあるのですが、『経哲草稿』の——『ドイツ・イデオロギー』ではもっと典型的ですが——「分業の廃止」の理想ははたして可能かと質問をしたら、「人間は大脳の三分の一しか使っていない、これを全部使うようになればそういうこともできる」と返されて、僕はあ然とさせられたことがあった（笑）。本気で言ったのか、戯れ言かはわからないが、それは極端としても社会の産物である人間はとうぜん社会が変われば変わっていくんだという発想があったんでしょう。こうした人間に対する楽観主義とイデオロギーの結合として、僕らより一世代前の古典的なマルクス主義があったとすれば、全共闘運動というのはいい意味でも悪い意味でも過渡期に現れた運動という感じがする。古典的なマルクス主義がどうやって解体し全共闘を通過し、八〇年代に行くかという経路をたどれば次のように図式化できると思います。

自分を普遍的な立場において発想していく、あるいは普遍的なものを理論ないしは党派——その二つは重なっていますが——のフィルターを通じて自分に憑依させて、その立場から政治的実践をおこなう。具体的な人間は問題とされない。そこで問題になるのは、人間に対する楽観主義の中で具体的な人間が隠蔽されているということだけではなく、現実には問題となってくる具体的な人間やそこでの関係性のありようの問題がむしろ隠蔽されているがゆえに倒錯を招いていくというのが、古典的左翼の範型の一つだとしたら、全共闘は「おまえはどうなんだ」ということで具体的な人間とその関係性をより問題にしていき、全共闘の敗北以降、二つの分岐を生んでいく。一方では日常性やエコロジズムを通して自分の具体的存在を問題にしていく流れと、そこからもう一度裏返って、世界の問題は同時にお前の問題でもあるという形で、無限責任を呼びこんでいくという流れです。いずれも古典左翼的な——こういうと怒る人がたくさんいるかもしれませんが——、普遍と自己と理論の平和な三角形から外れた要素から問題が構成されています。無限責任を呼び込まない方の流れは、エコロジーなどその後のいろんな市民運動に影響を与えた。全共闘運動とはそういう展開の全体だと僕は考えています。そういう具体性を表現する概念の一つとして、「身体」があった。六〇年代の、シュールレアリスム的なアバンギャルドの影響を受けた、例えば土方巽を念頭に置いた時代には「肉体」と呼ばれていたものが、七〇年代に「身体」と呼びなおされていく。僕も、学生のころは芝居にかかわっていたのですが、七〇年代にはいって、「肉体」を「身体」と呼びなおしていった。それは過剰な観念や情念の棲み家であった「肉体」にかわって、もっと中性的な、世界のなかにいるありようとして自分のこの体をつかもうという発想からです。だがそういった過程で、世界の問題を身体に同値させるというか、身体に極小化させるという思想的な錯視がどこかで成立してしまったんじゃないか、と思います。僕の同世代で言うと、ラジニーシに行った人間がいる。加藤三郎もラジニーシに行った。反日の後に彼がどうしてラジニーシに行ったのか。加藤三郎個人についてはわからないけど、全体としてそういう流れがあった。

古典的な左翼において、理論や党派が普遍と自己の通路であったとすれば、全共闘運動を通じて、むしろ自分の身体が世界と自己との通路になったということです。しかしそれから八〇年代に向かって、自分と他者ないしは世界との距離感の広がりが問題となってきます。僕は、八〇年代後半から九〇年代の日本社会をとらえる場合に他者との距離感の拡大ということを見なければならないと考えているんですが……。

身体が器官である以上、そこには生理的な快感やざわめく欲望はつねにあるのですが、同時に身体が世界と関係する器官であるとかんがえると、つねに自分の身体感覚における不在感や孤立感が問題となってくる。そういったベースのうえで、オウムについて考えてみると、特に初期の「オウム神仙の会」のころは、宗教という側面よりも、身体に対する修行体系としての側面が強い。僕の感じだと、石川君の場合も修行というのは、身体を通じて世界の中における自分のポジションを回復していくという意味付けがあったはずです。

仲正◎今ではどうなっているかわかりませんが、当時統一教会では慣れない物売りをしたり、言いたくもないお世辞を言ったり、対人関係を通じて自分を変えることが――最終的には再臨のメシアが必要だけれども、その準備段階として――自分と世界との関係を再構築していく鍵になるのだとされていました。石川君と話をしたときに、オウムの方は物質としての身体に重きを置いていることがわかった。物質としての身体をいったん原子レベルまで破壊した上で輪廻転生の世界を越えるというイメージですね。対人関係が入ってくるかどうかでずいぶん違うような感じがします。さきほど、現実の人間関係を「超越」した視点云々と言いましたが、統一教会は、そこで現実の社会的関係を切ってしまって、解体しようとはしません。いったん、「外」へ出たうえで、「超越的なもの」を通じて現存の社会を「再構築」しようとするのです。

小阪◎それは、決定的に大きい違いですね。みんなあまり言わないけれども、仏教思想、特に大乗から密教への展開過程からして、かなりはちゃめちゃな要素がありますからね。

全共闘というのは、良くも悪くも、普遍性が理論を通じて自己に繋がることから、自己そのものに焦点を当てていくことへの転換点にあった。八〇年代には既に、世界を言説によって手中に収めることの不可能性が露呈していた。反原理共闘も——その運動自体はよく知りませんが、多少付き合った東大の若い世代なども含めて——全体的な世界の完結は求めず、確かに「魂」の問題はあるのだけれども、そういう問題も含めて自分に引き受けていくのだという感じで成立していたのだと思います。

仲正◎実はマルクス・レーニン主義が相対的に弱くなった八〇年代の後半から、統一教会もだんだんイデオロギー性を失いました。今から見ると妙な競争（あるいは共生）関係にあって、こっちは勝共、あっちは反原理で、互いを克服することにアイデンティティがあった。相手が弱くなったせいで、統一教会としても、共産主義、つまりルサンチマンの問題を克服しなければならないという主張が維持できなくなった面があると思う。

原理に来る人のタイプが変わったなと思うようになったのですが、それは、八〇年代後半以降入ってきた、「若いメンバー」がイデオロギー的な話をしても全然関心を示さなくなったからです。今の統一教会に言わせれば、これこそ本義だと言うのでしょうが、もはや政治とは関係なく、左翼もキリスト教も常にそこで挫折してきた全ての悪の本質としての「堕落」の問題——つまり恋愛関係の問題とか、家庭内の悩みの解決を求めて、イデオロギーぬきで来る人が増えてきた。統一教会自体も共産主義の弱まりと相俟って、主義を掲げなくなり、真の愛——今は「トゥルー・ラブ」とか言っているのかな——とかいう方にシフトした。身体ということでいえば、男女間の「愛」の関係を原理的に正すのだと。

僕は八八年の終わりの合同結婚式に出たことがあるんです——あれは普通の意味で言うと婚約で、実際の結婚生活は、また別の儀式によって認められるのですが——そのときになって初めて、ああもともとそういう宗教だったのだと、ピンと来た。僕が原理をやめた理由の一つには、その相手との問題があった。合同結婚は、自分はこれこれということがあるけれどそれでも受け入れてくれるか、とお互いに告白した上で合意するという設定が一応あるのですが相手が全部言わなかった。なぜ言わなかったんだ、と問いただしていたら、宗教に関係ないようなドロドロしたことを言い始めて、その辺で嫌になってやめてしまった。「身体性」ということで言うと、僕の場合は、一番生々しい、性的な身体というのがあまり見えていなかったからこそいられた。それが見えてきたら、却って白けてしまった。

●市民社会との距離

小阪◎もう一つ聞いておきたいのは、家族ないしは市民社会との距離感の問題です。

僕は、日本で宗教思想として一番深いのが、イエスの方舟の千石剛賢の思想ではないかと思っています。彼の書いたものを読むと、彼の思想の根底にあるのは放棄なんです。放棄といえば、オウムも放棄と言えるんですが、オウムの場合は関係の外にでることによる放棄です。しかしイエスの方舟の場合は、関係のなかでの放棄といった意味合いがあります。かつて強かった人間(千石剛賢のことですが)がそのことに気づき、自己を放棄するというスタンスをとる。どこまでも相手を受け入れて、自分のところにいられなくなっても、探偵社に頼んでまで探し出し、追いかける。それは強引に連れ戻すというよりも、相手を無限に受け入れるという放棄に基づいている。七〇年代から八〇年代にかけて、もともとそうだったのかもしれないけど、家族の紐帯が緩み、家族が剝き出しの感情の衝突の舞台になる。そういった状況のなかで、市民社会的な家族ではない家族を、漂流する家族として営んだのが千石剛賢のイエスの方舟であったと僕は考えています。

家族との軋轢は、ある意味で、市民社会とどういうスタンスを取るかを象徴している。オウムの宗教組織としての特徴は、出家主義でした。家族との距離に象徴される、市民社会的な人間関係との距離ということでいうと、原理も集団生活ですね。その辺は、統一教会の内部ではどういうふうに理解されていたんですか。

仲正◎原理の中心である大学生、つまり多少は偉そうな生活をしている人間が、いったん「外」に出て集団生活をして、「(市民)社会」に対して「他者」になる。つまり物売りになったりして、低く見られる立場から社会と関わる。ただしそれはもう一度戻って来るためだとされる。合同結婚式で自分が決めたのではない、(神が決めた)相手と家族を作り、今まで自分がいた家族とは「別の原理」で家族を再編成していくというのです。「家族」という形は残るのだけれども、それは神の義によって意味を変えられるのだというのです。

小阪◎神の義によって意味付けられた家族を作るのだと。逆に言うと、それが、物質的な搾取ではなくて、魂の搾取をするための装置の一つなのですね。

仲正◎今は完全にそっちの方へシフトしています。昔の後輩にたまたま会って聞いたところでは、集団生活をしているのはいまはごく僅かで、自分の家で家族に信仰を勧める活動に移っているらしい。桜田淳子が合同結婚式に参加した九二年あたりから家族の外に出るのはやめて、もう一回中に入りこむ方向にシフトした。「家庭復帰」というんです。

小阪◎人間にとって家族は、ある種の自然性を持った領域であって、そこでは当然いろいろな問題に直面していかなければならないですね。それを避ける一つの方法は、表の世界と家族の世界を分けてしまうというものです。それは欺瞞だというのが全共闘のときに出てきた。表では人権を言いながら家では女房に対して横暴に振る舞っているのはおかしい、日常性から変えていこうという動きが出る。今まではあまり問題視されてこなかった欲望とか自然性のレベルまで降りていって、具体的な人間関係を市民社会の外にある理念によって再構成しようと。でも、日常性を変えることは、絶えず混乱の中に身を置くことであって、なかなか難しい。

例えば永田と森の結婚も、家族という視点はなかったけど、革命戦士としての結婚ということで、たいへん理想的な男女関係を結ぶという意図があったわけだ。そういうことを連赤は自覚的にやっていたわけではないのだけれども……。

仲正◎統一教会の場合は、好き同士が個人的に一緒になる場合もあるらしいのですけど、基本的には、お前が選んでもらう相手は、たぶん一番嫌な相手であろう、そういう相手と全体の目的の下で結ばれることによってお前と相手が両方変わって、それが世界が変わる出発点になるのだ、と言われる。好き同士が一緒になっても何も変わらない。堕落というのは好き同士が一緒になって起こったのだから、恋愛という感覚をそこで変えるのだと。

小阪◎そういう論理は非常によくわかるのだけれども、あえて半畳を入れると、文鮮明さんはどうなんだろう。麻原彰晃の場合も、他の人間に禁じていることが自分には許されるという構造があった。

仲正◎自分では、天が選んだ相手だと言っている。何年か前に有田芳夫さんが訳した本で、教祖の長男と結婚した女性が、その性生活を含めた教祖の家庭の実態を赤裸々に「告白」しているのがありましたね。要するに、メシアとその家族というのは「別扱」いで、「こちら」

の理屈ではわからないということになっているから、そういう話しは当然ありうる。

当時から、合同結婚はどうしても嫌だとか、あの（メシアの）家族の息子や娘の結婚相手に美男美女が多いのはなぜだろう、とかいうレベルで疑問を持つ人間はいた。僕は自分の合同結婚式までそういうことにあまり関心を持っていなかったから、それまでやっていられたのだと思う。

今もあるのかどうかはわからないけど、九〇年ごろから『世界日報』という統一教会系の新聞に二年間勤めていたのですが、そこで働いている子供のいる夫婦の人達を傍から観察していて、「普通の家庭」と同様に、子供がいるから信仰も糞も関係なく別れられないのだろうなあと、感じました。一応普通の学校に行かせてはいても、「普通じゃない育て方」をしてしまった子供を、そのままにして別れることはできない。僕が辞めた大きな理由の中には、そういう宗教とは本来無縁であるはずの「拘束」があることが見えてきたということもある。

小阪◎宗教の構造の問題を一般化すると、仏教とキリスト教が二つとも世界宗教化したのは、教祖の存在＝不在という構造がうまく使われているからではないかと思うところがあるんです。キリスト教は、まさにイエスが死んでいるから成立している。しかも復活するというのだから、存在していないのに存在しているという構造が核心です。仏教の場合も、仏陀が死んで――橋爪君の『仏教の言説戦略』という本は、わりと優れた本だと思うのですが――、「私はこういうふうに聞いた」という文体で経典が書かれうるところに教団が成立する可能性がある。しかし仏陀は完全に非在でもない。仏陀とは目覚めた人のことだから、誰でもがなれるけれども、誰かがなったら困るような存在です。その矛盾が、いろいろな過去仏を増殖させていくという論理と接合している。

麻原の間違いを二つ言うと、一つは、グル＝最終解脱者にしたことです。グルという概念は、インドにおいて仏教が孤立化していく過程で生まれ、チベット仏教に受け継がれる。グルは最終解脱者ではなく、介在者あるいは産婆に近い――チベットにおける活仏思想の展開はまた違うところがありますが――。半分非在でなければならない最終解脱者がそこにいるというのは、麻原個人の人格を超えて、顚倒のメカニズムを引き起こしていく。

もう一つは、市民社会との関係です。一般化して言えば、人間はやはり世界イメージを作ろうとするから、市民社会はそれ自身から逸脱しようとする観念を必然的に孕む。そのときに問題になるのは、存在しつつ非在するという形であるべき教祖が、実在する具体的な教祖の中へ収斂されていくという構造の持つ問題です。多分これが最初だったと思いますが、温浴修行中に死亡したという事件がありましたね。市民社会の法体系から見ると、過失致死の幇助くらいにはなる。麻原の個人的な人格の問題もあったのだけれども、むしろこの構造によって無理にでも自己正当化していく力のプロセスが働いて、市民社会との齟齬を生じさせたというふうに僕は考える。例えば、オウムが最初に捜索されたとき上九一色のサティアン群に、僕は非常に王国的な印象を持った。王国的というのは、閉じられた空間の中で意味の完結性を求めるような世界構成のあり方として僕は定義しています。ところが、この事件を通じて、市民社会と同じ意味の水準を共有せざるをえない。まず、その情報を外に漏らしてはいけないということになる。すでに市民社会と対抗関係におかれてしまうわけです。連赤の場合でも、最初の二人、つまり京浜安保共闘を離脱した二人を始末したことの恐怖感が、山岳ベースでの総括の前提にあったと思う。

仲正◎教祖の不在ということに関して、統一教会には面白い構造がある。麻原が九〇年に総選挙に出たとき、統一教会では「馬鹿だなあ、教祖が自分で出ている」と噂していた。文鮮明は、自分では国家元首になろうとはしない。国家元首を自分が回すんだという言い方をする。自分の直接の弟子を立てることも、あまりしない。韓国や日本の教会長といった、高弟や側近を何とかの候補にするという「噂」を流すことはよくあるのですが、負けそうだったら引っ込めてしまう。東大の自治会選挙にも、エースみたいな人間は出さない。統一教会は市民社会をかなり意識しているから、選挙で負けたりしたら、自分たちが「審判」されたという意識を持つ。

入管法の問題とも絡んでいるらしいのですが、教祖にはいろいろ問題があって、なかなか日本に来られない。日本で統一教会が広がったのは、むしろ教祖が来なくなってからです。たまにしか会えないし、それも韓国か米国に行かなくてはならない。会いに行くと、教祖は韓国語で喋り、通訳がついている。でもたまに日本語で話しかけてくれて、それは嬉しい(笑)。「不在のもの」にたまに接することによって、非常に感動する。自分は一生に何回かは教祖に会うチャンスがあって、その時に日本語で何か話しかけてもらえるかもしれないのだ、と。

その微妙な感覚を巧みに利用していた。
小阪◎文鮮明のほうがはるかに、市民社会の現実性に立脚している。僕がオウムの立場なら、市民社会を意識すること自体が、霊性の低さを表すのだと言うかもしれませんが……。ということは逆にいうと、霊性という事象自体が、市民社会との相関関係の中で成立している、関係概念としての規定を受けているものだと考えるべきなんでしょう。
仲正◎統一教会は明らかにその関係を意識しています。自分たちは新しい宗教的な規範体系を作るのだけれども、それは、現在の市民社会の段階を無視したものではなく、超えたものである。「天のみ旨のためにはこの世の法律を無視してもいい」、という言い方をする人はいるけれども、それはあくまでレトリックであって、本当に超える奴は不信仰者であるというのです。九二年には桜田淳子の合同結婚がニュースになり、それに伴って、霊感商法がマスコミなどで大きく取り上げられ、本格的に「社会問題」化した。教会内部でも、俺は少なくとも嘘をついたことはないのに、嘘をついたやつらのお陰で被害を受けている、とか、私は本当に信じてやったのに、あいつは下調べをしてからやった、本当にけしからんというようなことが、言われるようになった。霊感商法はやっぱりやめたほうがいい、とか。実際、最近はあまり「霊」という言葉を使わなくなっている。統一教会の理屈で言うと、共産党（を中心とする左翼）が煽っている部分はあるけれども、それはカインの側から――「懺訴」という言葉を使うのですが――懺訴されているのだ、マイナスの条件を「こっち」に作ってはいけない、作ったものは不信仰者だ、というのです。そっちの意見が強くなって、やってはいけないという方向に事実上はなった。そういう抑制力は、たぶん今でも働いているでしょう。

●マンガの転換と八〇年代

小阪◎そろそろ八〇年代一般の話に移っていこうと思います。七〇年代の終わりにマンガが大きく転換する。それまでの大きな物語が全て崩れ、超能力の世界と、非常にエッチな恋愛の二つが主題となる。その後またいろいろな物語が復活していくのですが……。
僕は、マンガは社会の「半無意識」を読むのに一番いいメディアだと思います。市民社会の第二の自然化と僕は言っているのですが、八〇年代以降の市民社会を考えようとすると、左翼運動が解体し形骸化した後、市民社会は変えられないけれども息苦しいという状況の中で、生理的に一番アドレナリンが出る恋愛とか性の問題と、市民社会の完全に外にある世界、そして市民社会の中における欲望、この三つくらいに――個々人の中では入り混じり重層化している場合もありますが――リアリティが分裂する。そういう環境の中でいろいろな事件や物語が成立していたととらえています。

その中でオウムというのは、市民社会の完全に外に出てしまった部分を、超能力から何からアマルガム的に体系化したような性格を持っていた。社会は必ずそこからはみ出たり、軋轢を持ったり、錯誤したりする観念を生み出していく。しかしそれは再び、いろいろな言説――例えば演歌的な言説とか、がんばってやっていればむくわれるんだとかいう言説――を通じて社会に回収されていく。その過程で、社会に回収されない言説が集約的に表現されたものとして、オウムというのは考えられると思うんです。その意味でオウムは、八〇年代の日本が生んだ市民社会に対する最大の対抗観念なわけだ。

仲正◎八〇年代終わりくらいのオウムは、市民社会に直接敵対しないで、ある意味ではそれを前提にして、自分たちの修行をするという構えでやっていた。それがいつのまにかアルマゲドンの話が出てくる。そのパターンは、マンガでいうと『聖闘士《セイント》聖矢』と『北斗の拳』に対応している。どちらも最初の設定としては、「普通の社会の秩序」がちゃんとある。『北斗の拳』の場合は、核戦争後の荒廃の中でも、その状態を生き抜いた人々から成るさまざまな小社会があって、それぞれに――「無法者」には「無法者」なりの――市民的秩序があり、ボスがいる。そこにケンシロウが挑んでいく。悪いボスがいなくなっても「社会」は残る。最初はそういうバックグラウンドの構図が見えていたのが、次々と現れてくる「より強力な」、そして「より強烈な歴史＝物語的背景」を持った「敵」と競り合っている内に、いつの間にか、実はケンシロウは北斗二千年の歴史の宿命を背負っているために、(救世主として) 北斗神拳の最終奥義を探し出さなければならないというような、アルマゲドン的なすごい物語になっていった。『聖闘士聖矢』も、ある財団が聖闘士と呼ばれる集団のところへ少年たちを送り、闘う技術を身に着けさせるというスポーツものみたいな設定だったのが、その財団の娘が実はアテネの化身で、何千年か昔から神々の戦いというのが繰り広げられていたんだ、という「話」が見えてきて、だんだん「神々の闘い」そのものになってくる。最初は、原作者もそこまで考えていないのでしょう。それこそ九〇年前後の流れの中で、そっちに話が展開せざるをえないような雰囲気が、ああいうマンガに非常によく出ていたと思う。

小阪◎少し補足すると、『聖闘士聖矢』の前には『リングにかけろ』というのがあった。

その前は重なってはいるが、『がんばれ元気』、さらに前が『あしたのジョー』だと思う。『あしたのジョー』では、不良少年だったジョーがボクシングと出会い、女性との関係や、自分がリングで殺してしまった力石との関係に悩み、あるいは対戦相手の韓国のチャンピオンが非常にハングリーであることに悩みながら、最終的にはリング上で自分を燃焼させることを選び、白髪になって燃え尽きる。つまり、ボクシングという物語を脅かす要素に悩みながら、しかし物語の中で完結していくことを目指すという、古典的な意味での物語の最終的な死滅形態なんです。

『がんばれ元気』では、世界チャンピオンになった後、主人公はボクシングを捨てて高校に復学する。好きだった女教師との関係の先行きは不透明なままだし。物語が社会的な日常性の中に解体していくという予感はすでに『あしたのジョー』にあったけれど、こっちの作品の方がさらにはっきりしている。

『聖闘士聖矢』の作者がその前に書いた『リングにかけろ』の出発点は、ビルドゥングという意味での、教養の物語です。弱虫の弟が、ボクシングを知っている姉貴に励まされ、ボクシングを通じて一人前の男になっていく。どうやって物語を成立させるかというと、敵を絶えず拡大しつつ反復するというパターンに陥る。そして、だんだんボクシングの内容が荒唐無稽になってくる。たとえば、パンチがあたると相手が体育館の窓ガラスを破ってぶっとんだりといったような……。それは物語性を、まさにリアリティを、作者が支えられなくなったということでもある。

●教養から神話へ

そして、神話を利用することによって物語を持続させたのが『聖闘士聖矢』です。神話というのは、物語を拡大しながら当事者を越えた形である種の異世界性を引き込んでいく。『聖闘士聖矢』は超能力みたいなものが社会的に受け入れられていく八〇年代の状況とほぼシンクロナイズし、熱狂的なファンを呼び込んだ。つまり、異世界性を物語として、自分たちの視界に入れていくという役割をになったんだと思う。マンガの作者の多くは、厳しい締切の中で、何とか物語をつくりだし、しかも人気投票で読者の支持を得なくてはいけないということで描いているわけだから、社会でどういう物語性が流通しているかに敏感に反応するアンテナみたいなものです。それは鳥山明でもおなじなんだけれど。

例えばオウムの場合も、僕は社会に対する対抗観念と捉えたんだけれど、彼らはただ自分の救済を考えていただけじゃないかという意見があるけれど、当事者たちがどう意識するかよりも、そこでどういうロジックが働いているかの方が、市民社会との関係を問題にする場合、はるかに重要だと思う。おそらく麻原自身が、自分の中にどういうロジックが働いたかということは充分わからなかったと思う。市民社会に対する対抗意識の発端がどこで生じたのかはわからないけど、事故で死なせてしまったとか、金や家族や地域との関係でいざこざが起こるとかいう形でどんどん膨らんでいく。すると自分自身の不安感を克服するために、自分自身を説得するためにより強力な論理が必要とされる。

特に仏教の場合、大乗から密教への移行の中に、そういう論理が言説的な素材として用意されていた。無限的な生を通じた覚醒ということは同時に、一回一回の生を極小化していくこととほぼ等しい。

言説のそうした変化は、むしろ当事者の意識を超えた「力」のダイナミズムによって起こる。その力のダイナミズムは、当事者は無意識的だとしても、明らかに市民社会との相関関係によって規定されているだろう。そういったダイナミズムや相関関係の中で、革命の観念、さらに仲正さんがこだわる「革命の亡霊」――あるいは工作者でもいいんだけれど――といったものはどういう変容を受け、どういう位置を占めるのか、といった問題を提起してみたい。

仲正◎ビルドゥングから神話へという展開は、教養小説からロマン主義へという十九世紀ヨーロッパの思想史の展開とパラレルですね。（統一教会を辞めた後の）僕はもともと、ドイツの初期ロマン派を研究テーマにしていたんですが、ノヴァーリスの幻想小説『青い花』は、教養小説の典型とされるゲーテの『ヴィルヘルム・マイステル』を、「物語」の基本構造の随所に中世・古代の様々の神話素を持ち込んで来て、「脱構築」したものであることが知られています。大雑把に言うと、ロマン派というのは、合理的・教養主義的な思想体系の持つ論理的な「一元性」を、神話的な物語の連鎖（リゾーム）へと変形していく運動だったと言えます。神話のメリットは、いろいろな――相互に異質な――論理体系が、少なくとも表面的にはあまり違和感なく混じり合っている点です。ギリシア神話なんか見ていると、そういう関係は明らかでしょう。全く違う神にまつわる神話を、この神は実はこの神だった、あるいは、あの神とこういう縁戚関係にあった、と後から（事後的に）説明を加えることによって「一つ」の話へとつなげていく。際限がないんです。

『聖闘士聖矢』もまさにそれで、最初は教養的だったのに、いつのまにかアテナを中心とするギリシア的神話世界に入り込んでしまう。そこでまとめるかと思ったら、今度はオーディン北欧神話に行ってしまい、そこで話しが「終わる」かと思ったら、今度はまたギリシア神話。しかもポセイドンを中心とする体系に入っていきます。テレビだとここで「尻切れトンボ」な「終わり」方をするのですが、『ジャンプ』の連載では最終的には、プルートーの支配する冥界にまで入っていき、人／神の関係までが問題になったりする。『ドラゴン・ボール』や『ドラゴン・クエスト』もかなりしつこくあっちこっちの「神話」に引きずり回して、最終的には、宇宙の究極的な「秘密」にまで持っていきますね。とにかく、我々がどこかで聞いたような、いろんな「神話素」を動員して来る。オウムの場合も、まさにそれをやっている。いろんな神話をアルマゲドンの中に取り込んでいく。

小阪◎オウムは、最初は仏教、特に密教へ行った方の仏教と、ヨガをきちんとやっていたのに、パッチワークになっていく。パッチワークの仕方の中にこそ、神話の政治性があるんだ。

仲正◎彼らのホーリーネームも、実はチベット系のものとバラモン系のものがある。彼らの使う用語も、サンスクリットで統一してあるわけではなく、「アルマゲドン」もそうですが、いろんな体系から取り込んでいる。いろんな論理＝神話から持ってくるから、当然、論理的には説明がつかない「矛盾」が生じてくる。「矛盾」が起きると、また別の「神話」を持ち込んで、「話」を作ってしまうから、「矛盾」が不良債権的に肥大化していく。市民社会の論理との矛盾が説明できなくなると、例えばポアという言葉――たぶん元々は体系の中になかったんだろうけど――を使って、説明してしまうわけですね。

小阪◎それはオウムの中では、小乗から大乗、大乗から秘密金剛乗という形で意識されていて、八八年くらいから『教学システム教本』で言われはじめる。

仲正◎ある意味で、統一教会がある程度うまく行っていたのは、共産主義を自分たちの神話にうまく取りこんでいた時期です。うまく説明がつかなくなると、だんだん破綻してくるわけですね。例えば、壺の話は、はっきり言って内部でも説明がつかなくなった。市民社会に反することに、統一教会はすごく弱い。オウムは市民社会の法体系に反することまで自分の神話に取りこんでしまった。そこが強みでもあったし、アキレス腱でもあった。人殺しでも天変地異でも説明できるというところまで広げてしまったために、つじつまを合わせるために、自分で「何か」をやらないといけなくなって、最終的に破綻してしまったという感じですね。統一教会は逆に、広げられなくて挫折した感じがあるけど、最後まで行かずに踏みとどまったという感じもする。

小阪◎だから過激化しない。ひどいことも、相対的にしない。

●市民社会と世界像の不在

小阪◎八〇年代以降の市民社会は、世界の不在とでもいうべき現象がコンテクストとしてある。古典的左翼がまがりなりにも果たしていた役割は、一方で被害者的なルサンチマンを吸い上げ、もう一方では世界と自己の通路を供給するというものだった。その通路を通じて我々は世界という視点に立ち、そこからまた自分に折り返してくるのだとされた。

市民社会において、交通の力は同時に解体力であり、平均化するということでもある。しかしそれだけでは社会総体は成立しない。人間は必ず、平均化されない部分、解体されない部分を持ってしまう。その部分を市民社会は半閉鎖的な空間とむすびつけ処理しようとする。ここで半閉鎖的といったのは、社会的な意味がそこに繋留されてしまうような、たとえば国家であれ、宗教であれ、そういった空間をさしているのですが。

市民社会は、ただアトム的な個人、あるいは理念化された近代的個人の関係だけで成立しているのではなく、同時に社会的な意味の配置のシステムでもあるのです。そうするとさまざまな意味の場所をどういうふうに流布されている言説で表現してしまうかという説明体系まで含んで、市民社会における言説空間は初めて成立する。だが八〇年代以降の社会的な意味の配置を考えようとすれば、そこには、世界というものがない。世界はただ外からの情報としてやってきて、あるいは外からの圧力としてやってきて、世界を世界としてまとめる意味の統一性を欠いている。人間にとって重要な問題は、パンの問題と、パンのみにて生きるに非ずというもう一つの問題です。後者の問題――「魂」という言い方でイメージはできるのだけれども――を市民社会のなかでどうやって構造的に捉えるか。

世界というのは、自分の見える範囲外を含んだ概念、哲学的に言うと超越的な概念です。しかし我々は世界を様々な仕方で感受し、全部とは言わないまでも、世界を摑んだ感じになり、そこから世界の像を立て、あらかじめ折り返した形で――一回目であると同時に、初めから二回目であるような折り返しによって――日常的にものごとを了解している。どういうふうに世界が見え、そして見えた世界がどう折り返してくるかという形で問題が立てられる。

例えば関廣野さんの『左翼は滅びるか』という『窓』から出した本に対するコメント本の中で僕は、「浜の真砂は尽きるとも、世に左翼の種はつきまじ」と皮肉交じりに書いた。今の社会は左翼を生む必然性がある、つまり正義の観念と、それを世界という観点から説明するということです。なぜ僕がマルクス葬送派に加わったことがあるかというと――僕自身がそう言ったことはないのだけど――、自己欺瞞の問題が一番大きかった感じがする。僕らが半分市民社会の中にいることを隠蔽して言説を成立させることは、自分の非在証明を作ることではないかという感じがあった。

八〇年代は、世界の不在に対する飢渇感が経験されて、それが「自分探し」とか哲学ブームという形で意識されるようになったのではないかと思っています。八〇年代のいろいろな宗教現象は、世界を非常に身体的な形で、あるいは時代の流行にあったオカルティズムや超能力と関連する形で見せるという機能を果たしていて、その機能の仕方は、左翼よりも一種強力だったと思う。

仲正◎市民社会自体は、自分の像は持っていない。マルクスに始まる左翼の伝統は、「市民社会」を批判的に解体するために、「市民社会」を構成する基本的カテゴリーを抽出してみせて、結果的に「市民社会」が自らのイメージを獲得することに貢献してきた。市民社会の「本来の論理」がどこにあるのかというと、(市民社会に内属する)「誰か」がそういうものを作ったわけでもないし、どこかに「完成」してあるわけでもない。ブルジョワとか、プロレタリアートとか、階級的利害、思考のイデオロギー性……といった左翼的な視点からの市民社会の捉え方は――少なくともある時期までは――左翼じゃない人、「一般市民」にも共有されていた。左翼というのは、反市民社会の立場を取りながら、市民社会に対して、市民社会の依拠できる物語――というか物語を抽象化した論理――を与えてきた。左翼がアンチのイメージを呈示することによって、市民社会の方が、われわれはこうなっていたのかと自己を見るための鏡になってきた。

それがどこかの時点で、左翼の提供している論理だけではうまくいかなくなる。われわれのなかにもブルジョワ性があるから、理念通りには行かないんだ、という形で矛盾を説明してきたんだけれども、そうした、いわゆる「弁証法」的な干渉の仕方がどこかで説得力を失ってきた。あるいは納得する人間がいなくなってきた。それこそビジュアルに、身体性に関わるように見せないと誰もついて来ない。たぶん全共闘はそれをやろうとしたんでしょうが。

小阪◎いや、作ろうとしたんじゃない。

仲正◎ある程度パフォーマティブにやろうとしていたけれど、全共闘あたりで反映しきれなくなったということでしょうか。

小阪◎そうでしょうね。

仲正◎麻原彰晃がやったような、ガネーシャのぬいぐるみを着て踊るのは馬鹿げて見えるのだけれども、何となく身体性を反映している。あるテレビ番組で三枝成彰が解説していたのですが、オウムのあの単調なテーマソングは、日本人の心性に合う基本的なメロディーのパターン、演歌や軍歌、童謡など五つくらいを繰り返し使用しているらしい。「オウムに入れて嬉しいな、嬉しいな、嬉しいな」と歌っているのを、いくら馬鹿馬鹿しいと思っても、（何らかの形で歴史的に我々の「身体」に食い込んでいる）そうしたメロディーを聞いている内に「言葉と共に」覚えてしまって、頭の中でリフレインして、何かの拍子に口から出てきたりするわけです。「地下鉄サリン事件」の頃、その辺で遊んでいる子供たちが、「ショウコウ、ショウコウ、麻原ショウコウ……」と鼻歌をうたっているのを見かけた人はたくさんいたと思います。歌に限らず、言説というのはそういうものですね。週刊誌を読んで下らないと思っても、自分が喋ったり行動したりするときに、ポロっと出てきてしまったりする。麻原彰晃は、左翼のうまく行かなかったところを、身体的・感性的なレベルでうまくカバーしたところがある。

小阪◎結果としてね。僕も村井の歌をテープで聴いたことがあるけれど、非常に幼稚なようでいて、怖い歌だよね。では宗教によらないとしたら、簡単に世界像をイデオロギーとしてたてることができないような状況のなかで、自分の行為をどう「世界」のなかで位置づけていくのか。かつては谷川雁が工作者と自己規定した。長崎浩も広義の工作者あるいは活動家という形で自己を規定しようとした。そういった規定が成りたつところでは、既成のイデオロギーへの不信はあったとしても、なにかしら「目標」があるということへの漠然とした信頼はあったのではないか。この市民社会がさまざまな齟齬や逸脱を孕むのは一貫した事実であり、そこからはみだしたものを理論体系にするのではなく、むしろ、亡霊のような偏在する精神――ヘーゲルの「ガイスト」――に憑依されて、しかし現実に対しては技術的に振舞う人間を指して、工作者ないしは活動家というイメージがありえた。たぶんそれは、六〇年代末のラディカリズムを何とか七〇年代に継続させようという思想的な営為だったと思う。その困難が見えてきたのが、やはり八〇年代だったと思う。

僕にとっても思想的な転機みたいなものはあった。それがなぜ今ハイデッガーを読んでいるのかという問題と通じるのだけれど。自分の持つある種の受動性なり、部分性なりを考えるようにしているわけです。つまり、知というものには最終的には至りえない底があって、人間にとって世界を見ようとすることは必然なんだけれども、世界を見てしまうことはできない。

一方で、人間は常に世界の中にいて、自分なりの世界像、世界からの視線を予め持ってしまっている。しかしそれは完結したものでも固定的なものでもない。そこにも最終的には非知の問題が関わっている。ということは「客観」の存在が無いわけではないということで、そこで「客観」ということを考える。自分の行為なり関係なりが、はっきりとは知ることはできないけれども客観的なものとつながっているというスタンスです。

そういったことを全共闘との関連の中で、僕がどう意識していったかというと、全共闘の基本的な原理は、人によってずいぶん違うけど、共通しているのは、一つの時代の転換期の中で「摑まれてしまった」ということだろうと思う。摑まれたことの意味は何によって明らかになるかというと、それ以降の経験の中で露呈してくるものでしかない。その意味で、全共闘とは何かというのは、全共闘以降に何が広がったかということでしかない。「摑まれてしまった」ことの暗示する意味の線に沿って動いていくこと、そして目標の客観性からではなく、行為を構成する原則性から発想すること、そんなことぐらいが僕が考えているスタンスです。

なかなか世界像が持てないという問題は確かにあって、これは僕らの同世代が十年くらい前に飲み屋でクダをまいていた頃の問題でもある（笑）。ある意味できついことなんだけど、そこで古典的左翼の心情に戻るというのは、全共闘が到達したものからの退行という感じがする。かといって、連合赤軍に至る分岐は、全ての問題を自分の問題として引き受けるという出発点は正当でも、結論においては完全に顚倒してしまうようなメカニズムの発動だと思うし。むしろ僕が全共闘から継承するのは、当事者性や対等性という原則や、人間を最終的に動かしているのは自分でもよくわからないものであり、それにのっていこうというようなことです。また人間の行為には限界があり、市民社会の経済システムだけでない関係も一種の分業によって成り立っているといったようなことです。

僕自身、「大学解体」と言っていたのに予備校の講師をしているわけだし、若い頃これだけにはなるまいと思っていた評論家になっている（笑）。でも、自分の具体性で生きていて、その代わり不可視のネットワークみたいなものを考えていくということなのかなと、僕は感じているんですが。

仲正◎結局「世界像」は持てないのだ、ということを自覚しているかどうかがまた問題になってくる。自分は世界像を持てなくてもいいんだ、と本当に諦念しているかというと、どうもそうではない。市民社会に依拠するようなイメージをどこかで持っていて、他の人間との関わりがないと生きていけない。自分は「物語」とは全然関係ないと思っていても、自分の中で自らの行動を正当化するような回路をどこかで作っていて、自分の話と合うのは誰で、合わない奴は誰だと勝手な線引きをしてしまう。そして自分自身の「自己」は、物語の中で、それこそ神話的に拡大しちゃう。それを自覚していないと、ものすごく恣意的な排除の論理とか、ものすごく恣意的な「お前は仲間だ」とかいうことをしてしまいやすいですよね。そういう体質を、現在、ポスト市民社会的な生きかたをしている人は多かれ少なかれ持っている。

それをある程度自覚化して、反省的に見ていると、ちょっとこの物語はヘンだな、ちょっと別の話をした方がいいかな、という切り替えができるのではないか。自覚がないと、自分で勝手にどんどん作ってしまって、オウム的になっていく。

小阪◎人間はやっぱり世界像を欲しがるから、世界像は人間にとって必然だと思う。そして、世界観念とその折り返しのさいに生じる問題は世代ごとに異なった形で経験される。僕の世代でいうと、連赤の問題をどう通過をしているかが試金石であり、八〇年代世代の一部の人にとっては、オウムの問題をどう通過できたかということだろう。

もう一つ、あえて「不可視のネットワーク」といった場合、それがどこかに確実に存在することも、どこかの方向に向かっていることも意味しない。だから工作者ほどの意識はもたないわけだけれど。せいぜい今の社会にはいろいろ問題があって、それに対抗する側にもいろいろ問題があって、そうした問題を多少とも自分の問題として抱え込んでいく。そういう関係でしか僕は考えていないんだけれども。

仲正◎自分は自分だ、と言って一人で生きようとしてみても、どこかで市民社会と関わる接点は必ず出てくる。新興宗教的な傾向というのは、どうせそういう接点が出てくるなら、最初から大きな話の中へ全部取りこんじゃえ、というものです。まあ、心情的にはそっちに行きたいですよね、楽ですから。

小阪◎そっちの方が人間としては自然かもしれませんね。でも楽というだけではないと思うんだよね。人間は、知の限界を超えた領域をも求めてしまうのであって、言説を立てるときには、必ず知と非知の境界ということを組み入れた言説でなければいけないと思う。そういった非知を求める部分を一番納得させるのは、人を摑んでしまう経験なわけだよね。宗教の持つ根源性も危険性も、単純にいうと、人を摑んでしまうところにある。哲学と宗教の最初の分岐がどこにあるかといえば、公共化された言葉に頼って存在論を展開するか、――存在論自体の問題もあるんだけど、でもデリダがやっていることも反存在論としての存在論あるいは非存在論と僕は了解しているから――それとも啓示ないし啓示を体現した人格を核心として持つかどうかという点にあるわけだから。

仲正◎公共的な言葉の方が、疲れますね。常に「それは違うんじゃないか」という声がかかってくる可能性がある。啓示というのは、一定の枠をはめていて、私の体験することはこの範囲内で今の所はわからないけれど何らかの意味があるのだ、いずれどこかで落ち着くだろうという係留点が保障されているから安心ですが、公共的な言葉は、自分の発した言葉が最終的にどこに回収されて行くのか、あるいはどこかで中途半端に消滅してしまうのか、不安ですね。

デリダが言う、「他者に対する応答可能性＝責任」というのも、そういうレベルの話でしょう。いつかは「他者」と分かり合えるかもしれない、というようなレベルの「甘ったるい」話しではなくて、「他者」というのはむしろ「私」を否定し、場合によっては全く無視してかかってくる恐い相手なのです。そうした意味での「他者」を意識して公共的な言葉で語りたいと思っていても、心のどこかで、自分のやっていることに意味を与えてくれるような大きな枠組を欲しいと思っていますよね。最終的には、その折り合いをどうつけていくかという問題かもしれません。

小阪◎今、原理的に相矛盾するような二つの方向が混在して政治的課題——狭い意味での政治ではなくて——を形成していると思うんです。一つは、市民社会の公共性を徹底し、市民社会の中の様々な半閉鎖的空間——一番閉鎖的な空間は国家ですが——を開いていくという方向です。これを市民社会の論理を外延していく方向とすれば、もう一つは、市民社会を変容させていくという方向。後者は今、様々な反近代主義として現れていると思う。

原理的に相矛盾するような二つの方向が混在してパッチワークのように存在している。

確か九四年だったと思うけれど、名古屋で食い詰めた十代のカップルが上京して、知り合いのアパートに勝手に住み込み、隣の部屋の青山学院大生から美人局みたいにして五万円をとって殺してしまったという事件があった。殺された人が「高々五万円で殺さないでくれ」と言ったらしいのですが、それを聞いて可哀相だとは思わなかったかと裁判長が聞いたときに、男のほうは、「身内だったらそう思うかもしれないが、身内ではないから何とも思わなかった」と答えた。これは、個人と個人の距離感覚が開いたという八〇年代後半からの特性を象徴する言い方だと思う。

予備校で接している若い世代を見ても、他人との距離感がすこく開いている。インターネットやメールでぱっと通じたりするんだけど、それでも解消できない距離感なんだよね。阪神大震災でのボランティアも、そういった距離感があって初めて成立する行為と僕は考えている。濃密な意味の場が解体していくという必然的な傾向を持ち、無理に作ろうとすれば必ず転倒していくという社会の中で、どうやって人間関係を再編していくかというのが、大きな課題になっている。

その場合に、公共性というのは一つのキーワードだと思う。このキーワードが個人と個人がまじわる交通の空間と場所というニュアンスをもって、公と私の二分法に対立して出てきたこと自体は正しい。でも、どうしても非対称性の問題が出てくる。卑近なことでいうと、一人の予備校講師が、何十人という生徒と相対すると、向こうにとっては一対一の時間であるのに、こっちはどんなに人間的に振舞おうと思っても、一対一では振舞えない。市民社会の公共性は、交通を開いていくという原則のうえに成立するのだから、わたしにとって重要なことと、公共にとって重要なことは、どうしても不等価になる。だから、金八先生の物語というのは、市民社会では現実に存在する不等価性を隠蔽する言説的支えを持った像だといえる。公共性は、それ自体の方向としては、意味の濃密な場を持ちたいという欲求と、矛盾するわけだ。

仲正◎本当の意味での公共性というのは、他者と他者との関わりであり、共同性は前提にできないはずですよね。我々が市民社会をイメージするときに、何らかの共同性のイメージをかぶせていた部分がある。姜尚中さんたちが、小林よしのりや加藤典洋を批判して、「公共性」と「共同性」を混同していると言っていたことがありますが、実際にはどんなに徹底した西洋的近代人であっても、共同性を一切排除した公共性というのは考えられないはずです。言葉を発するとき、誰かに聞いてもらえると思わなかったら、いくら私は本質的には一人なんだ、と割り切っているつもりでも、たぶん喋れなくなっちゃう。実際には、ここそこと共同性を作っておいた上で喋る。「単独者」として——自分の言葉(メッセージ)の「受取人」はひょっとしたら、未来永劫どこにもいないかもしれないという不安を感じながら——しゃべっているつもりでも、実際には、そうした自分を『単独者』として認めてくれる」仲間を集めて来て、そのセクト的空間の中でしゃべってしまう。「ポスト・モダニスト」の中には、その手の人がしばしば見受けられますね。麻原彰晃的態度をつい取ってしまうわけです。

小阪◎八〇年代から九〇年代、そしてこれからの展開を見るとき、八〇年代が「異世界を作ってしまう」という特性描写ができるとすれば、九〇年代から今にかけて一番大きな形で現れているのは、——ヘーゲルの相互承認論じゃないけど——承認への欲望だと思う。逆に言えば、あなたを承認しますよ、というのをうまく言説的にまとめた、すごく危険で強力な運動が展開する可能性がある。

仲正◎どんなに一匹狼みたいな人間でも、どこかで特定の人たちに認められて商売やステイタスを得ている。例えば僕も、（新）左翼の人間のサークルに合わせていればアイデンティティを得られるからやっている、という可能性はありますよね。全く否定するとこれは嘘になっちゃう。逆に、右翼の系統の人は、右翼的な言説の空間で承認が得られるから、だんだんそっちの方に行くということがあるでしょう。公共性の広がりが、承認の基盤になるような閉鎖的な共同体を同時進行的に作っているという感じがします。カリスマ何々というのはまさにそうですね。ごく簡単な、これをやったら必ず仲間に入れるというレベルでの承認関係です。

小阪◎本当にお手軽な承認関係ですよね。そういう意味で、今のいろいろな運動にしても、パッチワーク的な色彩を帯びるのは当然だと思う。でもそれを恐れちゃいけないんじゃないかな。交通関係を前提した上で、どういうふうに場所を、閉じられた王国としての場所としてではなく作っていくか。そういう意味で、記憶とか場所なんていう抽象的な言葉で扱われる領域も、戦場の一つなわけですよ。

《著者紹介》

仲正昌樹（なかまさ・まさき）

1963年、広島県市呉市出身。

1996年、東京大学大学院総合文化研究科地域文化研究専攻博士課程終了（学術博士）。

1995～1996年、ドイツ学術交流会、給費留学生としてマンハイム大学に留学。帰国後、駒澤大学文学部非常勤講師（哲学・論理学）などを経て、2004年、金沢大学法学部（現法学類）教授。以来現在にいたる。

著書

『金沢からの手紙』、『前略仲正先生ご相談があります』、『教養主義復権論』、『〈リア充〉幻想』、『2012年の正義・自由・日本』、『〈ネ申〉の民主主義』、『寛容と正義』、翻訳にハンナ・アーレント著『完訳カント政治哲学講義録』（以上弊社刊）。

『貨幣空間』（情況出版）、『モデルネの葛藤』（御茶の水書房）、『ポスト・モダンの左旋回』（情況出版）、『日常・共同体・アイロニー――自己決定の本質と限界』（宮台真司と共著、双風舎、2004年）、『集中講義！　日本の現代思想』、『集中講義！　アメリカ現代思想』（ともにNHKブックス）、『今こそアーレントを読み直す』、『マックス・ウェーバーを読む』、『ハイデガー哲学入門　『存在と時間』を読む』（ともに講談社現代新書）など多数。

他に、作品社による「仲正昌樹講義シリーズ」は『〈学問〉の取扱説明書』以来、最新刊『〈ジャック・デリダ〉入門講義』まで、既に八冊を数え、いずれも好評を得ている。

新装版《しんそうばん》　ラディカリズムの果《は》てに
2016年11月10日　初版第一刷発行
著者
仲正昌樹

発行人　末井幸作

編集人　伊藤伸恵

発行・発売
株式会社 明月堂書店

〒162-0054東京都新宿区河田町3-15 河田町ビル3階
電話 03-5368-2327
FAX 03-5919-2442

定価はカバーに記載しております。乱丁、落丁はお取り替えいたします。

ISBN978-4-903145-54-9 C0036